MINHAS MEMÓRIAS DE LEITORES

Ana Maria Machado

Rastros e Riscos

editora ática

Rastros e riscos – Minhas memórias de leitores

PRESIDÊNCIA **Mário Ghio Júnior**
DIREÇÃO DE OPERAÇÕES **Alvaro Claudino dos Santos Junior**
DIREÇÃO EDITORIAL **Daniela Lima Villela Segura**
GERÊNCIA EDITORIAL E DE NEGÓCIOS **Carolina Tresolavy**
COORDENAÇÃO EDITORIAL **Laura Vecchioli**
PREPARAÇÃO DE TEXTO **Kandy Saraiva**
REVISÃO **Hires Héglan**
PROJETO GRÁFICO E DIAGRAMAÇÃO **Luciana Facchini**
FOTOS **Arquivo pessoal da autora**

Dados Internacionais de Catalogação na Publicação (CIP)

Machado, Ana Maria, 1941-
Rastros e riscos: minhas memórias de leitores /
Ana Maria Machado. São Paulo: Ática, 2021.
128 p. (Coleção Delas)

ISBN 978-65-5739-002-3

1. Machado, Ana Maria, 1941 – Memória autobiográfica
2. Machado, Ana Maria, 1941 – Memória autobiográfica
3. Escritoras – Brasil – Memória autobiográfica I. Título

21–3295 CDD 928.6981

Angélica Ilacqua – Bibliotecária – CRB-8/7057

CL: 525633
CAE: 760502

2021
1ª edição
1ª tiragem
Impressão e acabamento: EGB Editora Gráfica Bernardi Ltda

Direitos desta edição cedidos à Somos Sistemas de Ensino S.A.
Av. Paulista, 901, Bela Vista – São Paulo – SP – CEP 01310-200
Tel.: (0xx11) 4003-3061
Conheça o nosso portal de literatura Coletivo Leitor:
www.coletivoleitor.com.br

INTRODUÇÃO

Rastros e Riscos

Há muitos anos, vindo de carro do Espírito Santo para o Rio, dirigimos alguns quilômetros atrás de um caminhão sem conseguir ultrapassá-lo, num trecho de estrada estreito e cheio de curvas. O que estava escrito no para-choque traseiro ficou marcado em minha memória: “Rastros e Riscos”. Quase como uma ordem.

Depois, descobri que o que parecia um lema era na verdade uma citação, homenageando o título de uma música que concorrera no Festival dos Festivais da Globo, em 1983. De autoria de Fernando Gama, não só um amigo a quem quero bem, mas um grande músico, excelente violonista, com quem convivi de perto durante muito tempo enquanto ele foi um dos integrantes do Boca Livre — o quarteto vocal de que meu marido Lourenço Baeta fez parte por mais de quarenta anos.

De alguma forma, mais que um lema ou palavra de ordem, *Rastros e Riscos* me parecia um resumo da escrita. Talvez por isso tenha ficado indelével na lembrança.

Escreve-se correndo riscos, para deixar rastros.

Mas há igualmente outro lado.

Quando escrevo, por mais que me deixe levar pelo improviso, há também um elemento que se assemelha a um risco prévio, um desígnio, ainda que nem sempre esteja consciente ou detalhado. Sei que sigo um risco mental, ainda que por vezes tênue. Mas sei também que ele está presente o tempo todo, submerso, por baixo, lá no fundo. O escritor Autran Dourado já se referiu a isso ao falar em *O risco do bordado*. Está lá. Existe. Porém, sempre sujeito a modificações no decorrer do processo. Aos riscos do ofício.

Nesse risco múltiplo, entre o riscado e o arriscado, agora ando com vontade de mergulhar um pouco na memória, nas marcas que a vida foi me deixando, superfícies riscadas, rasuradas, alteradas. Entre tantas que se apagaram, como os desenhos que tantas vezes fiz no chão, ao brincar na terra embaixo das árvores do quintal de meus avós. Ou na areia da praia, em minha infância de menina descalça, enquanto a maré não subia para apagar tudo e deixar suas próprias marcas nos riscos ondulados da preamar.

Eventualmente, rastros que pareciam apagados na lembrança se revelaram aos poucos e me surpreenderam quando comecei a permitir que aflorassem. Aquela coisa que Carlos Drummond de Andrade explicou tão bem ao se referir ao processo de "esquecer para lembrar". E já começo lembrando — com a recordação do título de um livro em que meu pai andou mergulhado, deliciando-se, enquanto eu entrava na adolescência, e do qual volta e meia ele lia em voz alta trechos e episódios para a família reunida. Eram as memórias de Alvaro Moreyra, chamadas *As amargas, não*.

Percebo que estou num momento assim. As lembranças me visitam com força, mas no ímpeto de registrá-las não quero as amargas. Prefiro as doces. São melhor companhia. Como os leitores de *Grande sertão: veredas* aprendemos com Guimarães Rosa: "A primeira coisa que um para ser alto nesta vida tem de aprender, é topar firme as invejas dos outros restantes... Me rejo, me calejo!".

Seja como for, percebo que, neste movimento em que me encontro agora, de mergulhar um pouco em algumas memórias, não quero ficar lembrando experiências negativas. Claro que as tenho, como todo mundo. Muitas e dolorosas. Algumas são de episódios que machucaram bastante. Mas ao ajuste de contas prefiro o reencontro com os bons momentos. Rastros de uma jornada que me trouxe até aqui. Uma boa jornada, apesar dos riscos.

I

Pequenas alegrias discretas

O que lembro, tenho. Venho vindo, de velhas alegrias.
GUIMARÃES ROSA

De vez em quando, em alguma entrevista, alguém me pergunta sobre quais foram as "grandes emoções de minha carreira" ou algo parecido. Sempre tenho dificuldade de responder a perguntas desse tipo. Talvez por uma razão simples: não é assim que as coisas funcionam.

Há momentos marcantes, claro — o primeiro livro publicado, o primeiro traduzido, algum prêmio significativo, uma crítica consagradora feita por alguém respeitável, alguma importante repercussão da escrita junto a um leitor que soube entender e apreciar de uma forma especial... Mas, olhando para trás, ao examinar o trajeto ao longo de tantos anos desta atividade de escrever e de encontros com leitores, o que lembro com mais emoção são pequenas alegrias que ficaram guardadas em segredo e cuja reverberação até hoje volta e meia me toca e me faz bem novamente, quando vem à memória. Discretas e miúdas.

Dou um exemplo bem nítido. Bem no começo de minha trajetória como escritora, na primeira metade da década de 1970, eu ainda não tinha publicado livro algum, mas vinha havia alguns poucos anos escrevendo contos regularmente para a revista infantil *Recreio*, vendida em bancas de jornal espalhadas pelo país todo. Por isso, tinha altas tiragens e vendas espetaculares. Um dia, recebi um telefonema de uma escola de Juiz de Fora (MG), o Balão Vermelho. Queriam que eu fosse inaugurar uma biblioteca com meu nome. É claro que estranhei. Como assim, com meu nome? Por quê? Como eles sabiam quem eu sou?

Diante de minha surpresa, explicaram que eu tinha sido escolhida pelo voto direto dos alunos, concorrendo com Monteiro Lobato,

Maria Clara Machado e outros mestres da literatura infantil, os grandes nomes célebres na época. É que os pequenos leitores conheciam e apreciavam minhas histórias publicadas na revista *Recreio*. Tinham me escolhido por causa disso e pelo trabalho que as professoras faziam com elas.

Foi a primeira escola que visitei para conversar sobre minha obra, numa experiência enriquecedora e inesquecível. Mais tarde, essa atividade ia virar rotineira. Porém, essa vez foi inaugural. Voltei lá várias vezes depois disso. Fiquei amiga de Míriam, Tida, Sonia, Aurea Alice, Telma e de toda a equipe. Acompanhei seu trabalho ao longo dos anos. Admirei mais tarde a impressionante pesquisa pedagógica que Míriam fez sobre a prática da alfabetização a partir de meus livros da série "Mico Maneco", refletindo sobre isso em sua pós-graduação, analisando as gravações em vídeo de como cada criança ia aos poucos desenvolvendo sua recém-descoberta capacidade de ler. Não sei se algum dia essas maravilhosas professoras chegaram a avaliar como me deram força para seguir adiante ou quanto seu estímulo entusiasmado foi importante para mim. Mas certamente sempre souberam do carinho que nos une.

Logo em seguida vieram outras escolas — algumas delas também com profissionais que se tornaram amigas, convertendo-se em companheiras de jornada ao longo de décadas, cúmplices de sonhos, animadoras de futuro, formadoras de novas equipes a consolidar um esforço conjunto e a lembrar que nenhuma de nós jamais está sozinha. É o caso da Miraflores e da Aldeia Curumim, de Niterói (RJ), da Picapau/Monteiro Lobato, de Vitória (ES), da Projeto, de Porto Alegre (RS), e tantas outras. E cito apenas essas porque foram pioneiras, estavam entre as primeiras no tempo, e acabaram ficando mais constantes ao longo de décadas. Mas a lista poderia se estender por várias páginas e deveria incluir também algumas professoras que vi pouco mas acompanhei de longe com admiração, como Cibele, do projeto Chapada, na Chapada Diamantina (BA).

A outras escolas, fui apenas uma vez, mas para um encontro intenso sempre lembrado por sua qualidade — tanto pelo entusiasmo caloroso dos alunos, quanto pela beleza do trabalho prévio que revelava a dedicação dos professores no preparo daquele momento que constituía apenas a ponta de um *iceberg*, cuja maior parte ficava submersa e invisível. Como foi o caso na Escola Municipal Embaixador Dias Carneiro, em Jacarepaguá (RJ), em 1995. Três andares de exposição de trabalhos de alunos sobre meus livros. Um mergulho profundo no que eu escrevi. Basta dizer que fizeram a dramatização de uma entrevista comigo, num cenário em que uma menina me representava, no palco. E a pequena sabia tanto da minha obra e de como sou, que respondia a todas as perguntas como se fosse eu, mesmo as que não estavam ensaiadas, com respostas em que eu me reconhecia plenamente.

Muitos anos depois, também foi muito marcante a visita a uma escola ameaçada de fechamento, da Ordem Terceira da Penitência, no Morro da Conceição, perto do Cais do Porto, no Rio, com mais de mil e cem alunos, onde vi professores e estudantes mobilizados, a partir da biblioteca, lutando pela permanência do educandário, que existia havia mais de cem anos e então corria risco de acabar, para dar lugar à expansão e à modernização imobiliárias na região.

Outra visita linda a uma escola, que sempre vou lembrar, foi à de Sooretama, vizinha a uma reserva biológica, no Espírito Santo, junto à mata do Rio Doce. De saída, já tocava meu coração por estar no ambiente encantado da minha infância, onde tantas vezes eu tinha ido com meu avô quando era criança e sobre a qual já escrevi — por exemplo, no último capítulo do romance *Tropical sol da liberdade*. Nessa escola rural, simples e despretensiosa, as professoras fizeram com os alunos um trabalho inacreditável, bonito que só vendo! Além de apresentarem meus livros às crianças de uma forma muito sedutora, elas os utilizaram como pontes para uma sensibilização e para a descoberta da arte em geral. Em consequência disso, as paredes de um prédio modesto, no interior do Espírito Santo, em plena zona rural, estavam cobertas de diálogos visuais requintados, abertos para a arte universal, de desenhos infantis realizados a partir do desafio de obras de grandes pintores, de Van Gogh e Renoir a Edvard Munch.

Da mesma forma, não esqueço ainda outra escola pública — esta na Zona Oeste do Rio, em Guaratiba, a Escola Municipal Euclides

Roxo. Comovente. Lá as crianças também tinham escolhido meu nome em votação para batizar a Sala de Leitura. Mas, nesse caso, os pais a chamavam de "nossa conquista", num tom de orgulho que nem tentavam ocultar. E era mesmo uma conquista e tanto. Antes de mais nada, a mobilização coletiva tinha conseguido salvar o próprio prédio. Mais que isso, o ampliaram. Na casa pequena e modesta em que a escola funcionava, eles mesmos (sobretudo elas, mães e professoras) haviam construído as paredes daquela nova sala dedicada aos livros, tijolo a tijolo. E como muitos dos pais eram jardineiros, funcionários do sítio do paisagista Burle Marx ali perto, trabalharam em conjunto: plantaram mudas e fizeram um jardim no terreno.

Como se não bastasse, no dia de minha visita, festejando tudo isso, as crianças encheram meu caminho de flores variadas. Uma profusão delas, colhidas e trazidas de casa ou dos terrenos em volta ou na beira da estrada, arrumadas por vasos improvisados em panelas, bules, chaleiras, baldes, garrafas PET cortadas, latas de tamanhos diferentes, em intervalos de uns trinta centímetros entre si. Uma variedade incrível e coloridíssima, perfumada, marcando as margens de um caminho pelo qual fui andando desde o portão até a "biblioteca". Assim, meus passos me levaram até a Sala de Leitura onde me vi imersa em livros após percorrer uma espécie de estradinha, em que caminhei por entre folhagens de palmeiras, aspargos, crótons e coléus, respirando o aroma de manacás, jasmins e rosas de todo tipo, descasadas e diversas, em meio a uma confusão de ramos misturados de quaresmeira, fedegoso, lágrima-de-cristo, amor-agarradinho, alamanda, ixora, sete-léguas, buganvília de várias cores, tagetes, margaridas, antúrios... Conforme registrei por escrito no calor da hora, ainda emocionada ao chegar em casa, mergulhada na lembrança daquela profusão de roxos, rosa, brancos, amarelos, laranja e vermelhos.

Das muitas escolas cujos alunos me encheram de alegria, com seus trabalhos inspirados em leituras generosas e trabalho criativo de professores, algumas se destacam na memória. Como o Dante Alighieri e o La Salle Carmo, ambos de Caxias do Sul (RS), colégios imensos onde todos os alunos, de todas as turmas, tinham lido meus livros e tinham algo especial a me mostrar ou me dizer, graças ao trabalho de bibliotecárias fantásticas como a Domingas. Um dia inteiro foi pouco para eu conseguir ver tudo. Mas guardei esse dia na memória, em meio a muitos, muitos outros, que se misturam numa mesma lembrança agradecida.

Houve até um encontro escolar que não ocorreu mas me deixou marcas fortes, com os estudantes de uma escola rural que não cheguei a visitar, no interior do Uruguai, em Medina del Campo. Não posso deixar de evocar com carinho esse desencontro que me propiciou um momento inesquecível.

Quando as professoras souberam que eu iria à feira do Livro de Montevidéu, em 1998, trataram de trabalhar meus livros previamente com a criançada. Ficaram todos na maior expectativa para nossa conversa, ensaiando dramatizações, fazendo desenhos, preparando comentários e perguntas para nosso bate-papo. Mas depois, no dia previsto, não conseguiram os meios para se deslocar até a capital e ir me encontrar. Foi uma frustração enorme.

Só que elas não se deixaram abater e não se apertaram. Tiveram a ideia de levar os alunos de ônibus até um *pueblo* vizinho, onde havia uma preciosidade: um telefone público. Combinaram comigo um horário para ligar para meu hotel e conversarmos. Foram em excursão pelo pampa até o posto telefônico, e de lá os alunos, em fila, me contavam o que tinham preparado ou faziam as perguntas que tinham programado. Eu ia respondendo a cada um, constatando a emoção deles naquele momento tão aguardado. E também me comovi, claro. Tudo graças ao entusiasmo de um trabalho inicial de Ana Maria Bavosi, da linda livraria Libruras, de Montevidéu. Uma profissional ímpar, que sabe desempenhar seu papel. Comparável à dupla colombiana formada por Irene Vasco e Yolanda Reyes, com sua fantástica atividade multifacetada na Espantapájaros em Bogotá.

Em muitos outros casos, tive também a alegria de contar com esse apoio dedicado de livreiros locais (Wilson, Noemi, Iris, Celina, Antonieta, Maria Valéria, Marta, Nilton, Robson, Zeneide e sua encantadora livraria Prazer de Ler, no Recife (PE), entre outros). Ou de professores universitários batalhadores pela literatura, que foram deixando marcas duradouras e multiplicadoras nas turmas com que o magistério a cada ano irradia seus efeitos benéficos por este Brasil afora — e recordo aleatoriamente o entusiasmo de gente como Marisa, Regina, Eliana, Nilma, Maria Tereza, Vera, Maria Zaíra, Maria Luísa, Vera Maria, Beatriz, Tânia, Socorro, Maria Valéria, Percival, Luzia e tantos, tantos outros cuja semeadura fecunda há de ser resgatada um dia em algum estudo que lhes faça justiça.

De modo muito marcante, trago vivas na memória umas professoras entusiasmadas, em um encontro de formação continuada no interior do Maranhão, num projeto da Comunidade Educativa Cedac para a Vale, que conheci em 2009, reunindo quatrocentas pessoas — incluindo municípios de Arari, Pindaré-Mirim, Vitória do Mearim, Santa Rita, Itapecuru... Um trabalho consistente, desses que ajudam a gente a ter fé no país. Apesar de algumas escolas não passarem de mocambos de teto e parede de palha, chão de terra batida. Apesar de muitas nem ao menos terem banheiro. Apesar de em uma delas eu ter visto uma senhora (a mulher do prefeito, ao que me informaram) encostando o carro para encher o porta-malas do veículo com pencas de banana e outros gêneros alimentícios reservados à merenda escolar. Mas, em outra dessas escolas, assisti também a uma menina que mal passava dos vinte anos dar a melhor aula sobre Clarice Lispector que jamais tive a alegria de ouvir, a partir da leitura sensível e inteligente do conto "Felicidade clandestina".

Poderia ficar horas relembrando essas professoras a quem o Brasil tanto deve e que seguem em frente sem esmorecer, na maior dedicação e doação pessoal, mesmo lutando com tanta falta de apoio. Ao lado delas, como eu vinha dizendo, nunca vou também esquecer alguns dos livreiros aliados nessa batalha. Agora me alegro em poder recordá-los e registrar meu tributo a seus esforços e aos resultados alcançados. Além de grata a seu trabalho, com eles fui aprendendo muito sobre o mercado de livros entre nós.

Fernando, da Papelaria da Estação de Petrópolis (RJ), foi um deles. O primeiro. Em 1977 ou 1978, não estou segura, quando ainda não nos conhecíamos, telefonou-me para reclamar do distribuidor da Editora Abril. Para se ter uma ideia de quanto caminhamos nessa área em nosso país, basta eu recordar que, nesse tempo, livro infantil se vendia em banca de jornal e as livrarias ainda nem sonhavam em ter alguma seção especial com títulos para crianças. Mas acontece que, nessas circunstâncias, o Fernando era um vibrante pioneiro. Simplesmente queria encomendar mais de cem exemplares de cada um dos quatro títulos que eu já publicara na ocasião.

O distribuidor no Rio dizia que isso não seria possível, pois o mercado não funcionava assim e ele não iria fazer um pedido especial de São Paulo para atender a uma mera papelaria de uma cidade do interior. Justificava-se dizendo que, evidentemente, uma ideia estapafúrdia como aquela era um total absurdo, um equívoco de um inexperiente dono de papelaria provinciana. Cheio de argumentos, tentava demonstrar que uma quantidade de livros dessa ordem era despropositada e iria encalhar, além de custar um dinheirão de frete. Assegurava que ele depois não aceitaria devoluções e completava a recusa insistindo em garantir que o gerente de vendas da editora já dera sua negativa peremptória. Em troca, o distribuidor oferecia a mesma quantidade de um produto diferente mas perfeitamente intercambiável na opinião dele: os mesmos quatrocentos e tantos exemplares que o Fernando desejava encomendar para a escola, mas fazendo parte de um catálogo mais variado, incluindo múltiplos títulos de diferentes autores — provavelmente o que ele tinha em estoque, talvez um encalhe geral, disponível para desovar.

O impasse parecia intransponível, já durava semanas. O livreiro, sabendo que nessa ocasião eu trabalhava também no *Jornal do Brasil* onde assinava uma coluna, resolveu ligar para a redação, me procurar diretamente, contar essa história toda para explicar o que acontecia e pedir minha ajuda.

Fiz o que estava a meu alcance: tentei eliminar intermediários. Como jornalista, aprendera a cutucar poderosos, ou seja, escrevi uma carta diretamente para o então dono da Editora Abril, Victor Civita, que eu também não conhecia. Relatei o ocorrido e lhe encaminhei o pedido de providências que permitissem atender a um livreiro do interior, que pretendia atingir um público ávido de boa literatura para crianças, capaz de ir muito além da compra semanal de revistas em banca de jornal. Argumentei que tinha certeza de que não fora assim que ele, Victor Civita, construíra seu império.

O olho do dono não falhou. Em poucos dias, o gerente de vendas de São Paulo fora demitido ou transferido para outras funções e Fernando tinha em mãos os quatrocentos e tantos livros. Daí a mais algumas semanas eu estava em Petrópolis almoçando com ele, depois de encontrar as crianças que tinham lido *Bento que bento é o frade*, *Camilão, o comilão*, *Severino faz chover* e *Currupaco Papaco*. Festejávamos nossa vitória contra as dificuldades do sistema, o que também incluía minha alegria de ter vivido, de forma inaugural, uma sensação assombrosa, que recentemente vi descrita de forma perfeita numa entrevista da filósofa Djamila Ribeiro ao viver experiência semelhante: "Nesse momento, pensei: 'Nossa! Olha onde o meu trabalho chegou! Era isso o que eu queria'.".

Foi uma das primeiras adoções maciças de obras minhas em uma escola, graças ao trabalho de um livreiro atuante. Na conversa com ele, a primeira entre várias que tivemos ao longo do tempo, além de eu poder conhecer um pouco mais dos inacreditáveis obstáculos à comercialização do livro do Brasil, tive um estímulo entusiasmado para concretizar uma ideia minha que então amadurecia. Um sonho meio louco que iria se tornar realidade pouco depois, quando consegui abrir, no Rio de Janeiro, em 1979, a Malasartes, a primeira livraria especializada em literatura infantil do país, o projeto de um espaço tentador e de qualidade para juntar livros e crianças, algo que vinha tomando forma aos poucos. Para a concretização dessa ideia, o Fernando se revelou uma ajuda preciosa, sempre paciente e disposto a me tirar dúvidas e a me orientar em todo o processo de preparação da empreitada.

Outra indelével lembrança de livreira é de uma moça linda e muito jovem, pouco mais que uma menina, na Livraria Jinkings, de Belém do Pará. Infelizmente, minha memória me trai e não consigo lembrar o nome dela nem a data exata de nosso encontro, mas acho que foi em 1992. De qualquer forma, sei bem que, assim que cheguei para o lançamento de um livro, ela se apresentou. Comovida com o encontro, disparou:

— Eu sou a Menina Bonita e queria muito conhecer você.

Devo confessar que essa identificação com a protagonista do meu livro *Menina bonita do laço de fita* não chegava a ser original ou me impressionar pelo ineditismo. Nenhum outro personagem que criei despertou tanto reconhecimento entre as leitoras. Em 2015, quando a editora venezuelana Ekaré completou trinta e cinco anos, promoveu uma pesquisa pela internet entre os leitores para a escolha de seu personagem inesquecível entre todos os títulos de seu catálogo — e a Menina Bonita (e sem nome) foi vencedora. De qualquer modo, nessa ocasião, em Belém, eu já estava bem acostumada a ouvir variantes dessa frase nos mais diferentes lugares aonde chegava. Porém, o que muitas vezes me comovia era a história que se seguia. Tantos relatos diferentes e tocantes... E o da jovem livreira foi inesquecível.

Contou que, ainda bem pequena, antes mesmo de ser alfabetizada, alguém lera meu livro para ela. E a menina ficou maravilhada ao constatar que existia, lá fora dela mesma, a confirmação de algo que sabia no seu íntimo, com inabalável certeza: ela era linda como uma fada ou princesa das histórias, embora ninguém costumasse dizer que via isso em meninas pretinhas como ela. Mas agora descobria que havia um livro que sabia dessa verdade e espalhava essa certeza aos quatro ventos. Graças a isso, todo mundo ficava sabendo. Então concluíra que livros são objetos meio mágicos, muito especiais, porque sabem como as coisas são de verdade e como as pessoas são por dentro.

Por isso, passou a se interessar por livros em geral. Com curiosidade, confiança e paixão. Falava nisso com amigos, colegas e conhecidos. Lia tudo o que encontrava a seu alcance. Virou especialista na área de livros para crianças. E quando cresceu, um dia procurou o dono da maior livraria da cidade se oferecendo para criar e administrar uma seção de literatura infantil — coisa que não existia então, nem ali nem em qualquer outra cidade de toda a região. Eu não sabia, mas o lançamento que iríamos fazer em seguida bem ali, naquele lugar e naquele momento, marcava justamente a festiva inauguração dessa seção de literatura infantil pensada por essa jovem livreira, para uma carreira de muitos anos prestando excelentes serviços aos leitores da Amazônia.

Falar nessa livreira, que me trouxe a marca da lembrança infantil de uma leitura sua, me faz querer celebrar outros leitores individuais que me deram imensa alegria ao se manifestar. Adultos ou crianças, impossível evocar todos. Mas volta e meia me vem num lampejo uma dessas lembranças, um sorriso, um comentário, e me aquece o coração.

Sobre alguns deles eu já falei em outras ocasiões mas não custa repetir, de tanto que me marcaram. Como a adolescente Letícia, que conheci em 2003 no 5º Salão da FNLIJ, e dias antes dera uma entrevista ao *Megazine* contando que tinha parado de estudar mas quando leu alguns de meus livros mudou de ideia e quis mais. E que, para isso, se oferecera para trabalhar como voluntária na Biblioteca Comunitária do Morro dos Prazeres, região central do Rio, onde confirmou sua descoberta de que era leitora para sempre e queria ficar nesse mundo.

Ao ler sua entrevista, eu sugeri aos organizadores do Salão que a contratassem para trabalhar lá como monitora. Sugestão aceita, conseguiram o contato dela com a repórter da revista, e agora lá estava ela toda feliz, celebrando sua história, dando entrevista na televisão, emocionada por me conhecer. Mas estava grávida. Vê-la tão novinha, nessa situação tão dura, era de partir o coração. Perdi o contato, mas faço fé nela e torço para que seus caminhos tenham sido de paz e felicidade.

Em outra ocasião, numa bienal ou feira de livros, nem lembro ao certo onde, numa fila de autógrafos, uma estranha se destacou no grupo que se aglomerava em volta da mesa onde eu estava. Entregou-me rapidamente um papel com um desenho e um bilhete que um menino escrevera para mim. Não se identificou. Disse apenas que era a mãe dele e logo saiu apressada. Nem chegamos a conversar. Só pude ler depois.

Nunca mais deixei de reler. Pendurei numa cortiça que tenho na parede do escritório. Lá ficou durante anos, até que percebi que estava ficando meio apagadinho com a luz a castigá-lo por tanto tempo e resolvi recolher. Mas ainda o tenho guardado. Quando tenho momentos de desânimo com a escrita, ele me dá força. Corta qualquer dúvida e me lembra de que o trabalho de escrever faz sentido. Faz um bem danado.

O texto está todo em maiúsculas. Caixa-alta, como costuma acontecer com quem começa a escrever e ainda não se sente à vontade para usar a escrita cursiva ou "letra de mãozinha dada", como criança às vezes chama. Redigido com a força de quem está descobrindo o mundo e percebendo que é capaz de dominá-lo com as letras. Transcrevo com sua pontuação original, copiando do papel em que foi registrado a lápis, com desengonçada firmeza, naquele jeito de quem acaba de aprender a traçar as letras. Vinha acompanhado de um desenho, com aquele traço infantil lindo, a imagem em lápis de cor, agora já meio apagadinha.

Nada, porém, consegue apagar o vigor de sua afirmação poderosa:

> EU GOSTO DAS SUAS HISTORIAS. VOCE PODIA
> FAZER UMA HISTORIA CHAMADA: MUNDO SEM FIM.
> ERA UMA VEZ UM MENINO QUE VIVIA NUMA
> FLORESTA QUE ACHOU UM MAPA COM LETRAS
> ELE NÃO ENTENDEU NADA DAQUI A POUCO ELE
> JUNTOU AS LETRAS E SOUBE QUE NÃO EXISTIA
> O FINAL DO MUNDO VOCE PODE CONTINUAR
> RODOLFO

Eu nunca mais soube de Rodolfo, que a esta altura deve estar adulto, talvez contando minhas histórias para os filhos. Quem sabe? Mas pode ser que estas minhas palavras aqui e agora cheguem a ele um dia, vencendo o tempo e a distância, e dessa forma ele possa saber quanto bem me faz sempre a reiteração de seu bilhete, a me trazer essa inabalável certeza de que, quando a gente consegue juntar as letras, não existe fim do mundo. E que essa confiança permite convidar os outros a continuar. Vai durar mais do que a vida de cada um. Como vem durando pelos séculos afora, ao longo da história da humanidade.

Outro bilhetinho que guardo com emoção é manuscrito, num pedaço de folha de caderno rasgada. Foi-me entregue por André, um menino que em 1991 talvez tivesse oito ou nove anos, na Feira do Livro de Porto Alegre — que é realizada ao ar livre, no centro da cidade. Eu acabara de chegar à mesinha onde ia autografar, nem me ajeitara direito na cadeira, e ele se chegou de repente. Disse que tinha visto meu nome por ali, desde o início da feira, anunciado num cartaz. Estava à minha espera, sabia muito bem quem eu era e em que dia e hora estaria ali. É que já tinha lido alguns de meus livros na escola. Confiante, disse que gostava muito deles. Por isso, queria aproveitar minha ida a sua cidade para me conhecer.

De início, me deu o bilhete e saiu correndo. Quando li, comovida, procurei por ele e não o vi. Logo que pude, interrompi a sessão de autógrafos e saí procurando pela praça, entre as barraquinhas e por debaixo dos jacarandás floridos em lilás, enchendo o céu e o chão de pétalas. Tinha certeza de que ele não estaria longe, mas à espreita de minha reação. Encontrei-o logo, mas, arisco, André não queria se chegar de novo, nada de se aproximar entre muita gente. Porém revelou que, em casa, tinha antecipadamente escrito no capricho uma carta longa que me trouxera e então me passou a folha de caderno, contando sua história com mais vagar.

Enquanto eu lia o que ele escrevera, o menino ficou andando por perto, rodeando, esperando. Ao terminar a leitura, emocionada, marquei um encontro com ele para dali a pouco, para tomarmos um lanche, acompanhados pelo editor Marcos da Veiga Pereira, a meu lado. Depois, quebrado o gelo, André ficou o restante da tarde comigo. Conversamos muito e nos despedimos com um abraço em que seu corpo franzino se aninhou em meus braços, com o coração latejando disparado de emoção, antes de sair carregando alguns livros que lhe demos. Entre a carta e a conversa, fiquei sabendo que André era famoso, de uma triste celebridade. Eu já o vira alguns dias antes, no noticiário da televisão, em um caso que comovera o país. Tinha sido trancado de castigo no frigorífico de um supermercado porque estava perturbando os fregueses com sua insistência, pedindo que lhe comprassem carne para levar para a mãe e os irmãos menores. Frequentava a escola regularmente, era esperto e articulado, discutia com espírito crítico os livros lidos. Ressabiado por experiências duras, não quis me dar um endereço para mantermos contato. Fez questão de pedir de volta a carta que me dera com o relato de sua experiência. Deixou-me apenas o bilhetinho inicial, num pedaço de papel rasgado. Mas nunca perdi sua lembrança dolorosa nem a imagem de alegria e dignidade que mostrou ao longo da tarde de nosso convívio.

Aliás, nessa mesma ida a Porto Alegre tive outro encontro intenso com um menino, um pouco mais velho do que André — um engraxate que se apresentou logo à minha chegada —, ainda no aeroporto, dizendo que tinha lido *Raul da ferrugem azul*, me conhecia e gostava muito do livro. Tinha visto meu nome no cartaz com que os organizadores da feira me esperavam no desembarque. Identificou a autora do texto que curtira e fez questão de vir me cumprimentar e dizer que estava feliz em me conhecer. Perguntou quando eu iria embora. Com essa informação, marcou um novo encontro comigo para a ocasião de meu embarque. Surpreendentemente, não faltou. Dias depois, na hora de minha partida, lá estava ele no saguão do aeroporto. Dessa vez, com o livro na mão à espera de um autógrafo. Simples assim. Fiel ao encontro agendado. Claro sinal da importância que dava a sua experiência leitora.

Igualmente comovente foi o intercâmbio com outro leitor, este adolescente — o Pedro Davi. Grande leitor, dominando muito bem a linguagem, espertíssimo, muito desenvolto ao opinar sobre leituras e capaz de acertar na mosca em comentários que me emocionaram (como dizer: “Você me inspira muito; você é a minha Rubem Braga…”). Alguns anos depois de, ainda menino, conseguir equipar a biblioteca de sua escola em Ipatinga (MG), a partir de cartas escritas a vários autores pedindo doações, foi capaz de tomar um ônibus e viajar por doze horas de sua cidade até Araxá (MG) para vir me encontrar e podermos conversar ao vivo, quando descobriu que eu seria homenageada lá no 7º Festival Literário da cidade, em 2018. Ficamos ambos felizes com o encontro. E em nossos contatos posteriores, tenho a alegria de acompanhá-lo escolhendo lindamente as preferências de suas leituras agora adultas, às voltas com os meus romances e com os de Jorge Amado, ou com os contos de Clarice Lispector e Lygia Fagundes Telles.

Nunca vou me esquecer de um depoimento que é também uma maravilhosa definição de literatura, que ouvi de um garoto numa escola que visitei em Petrópolis. Eu conversava com uma turma de crianças de sete anos que haviam lido *História meio ao contrário*. Ao fundo, de pé junto à porta, um menino maior. Ao final da conversa, ele explicou que não era daquela turma, mas queria saber se também podia falar e se apresentou. Tinha nove anos, lera o livro dois anos antes, era irmão de um dos meninos daquela sala. Agora, acompanhando o irmão mais moço, fizera uma releitura da obra. E se surpreendera ao descobrir "outro livro no mesmo livro", conforme formulou.

Em seguida, desenvolveu essa ideia. Fez questão de explicar que, antes, achava que o livro contava a história do combate de um príncipe contra um dragão negro de um só olho, que botava fumaça pelas ventas e ameaçava um reino. Agora, ao reler, percebia que podia haver outra história escondida, e antes ele nem desconfiara disso. Surpreso, se dava conta de que o dragão podia ser a noite, com uma Lua cheia como seu único olho, depositando neblina nos vales — e entendia por que, nesse caso, não se tratava necessariamente de uma ameaça, porque a existência desse "dragão" podia ser uma coisa boa. O que antes era um gigante adormecido agora ele passara a ver como montanhas. E assim por diante, foi descobrindo que havia muito mais do que vira na primeira leitura. Revelava-se outro sentido no que antes lhe parecera apenas uma espécie de aventura coletiva contra um monstro — mas uma aventura que o fizera gostar tanto da história inicial que agora quisera reler. Comentando isso com a mãe, ouviu dela que, mais tarde, ele descobriria no mesmo livro o que ela via em sua leitura como adulta: havia ainda outra história, contada em piscadelas a nosso hino nacional, em que o gigante deitado eternamente em berço esplêndido se levanta e os camponeses da aldeia percorrem em conjunto os bosques que têm mais vida e os risonhos lindos campos com mais flores, pleiteando melhores condições de trabalho diante de um rei que não tomava conhecimento do que se passa na vida real de seu povo.

Daí, ele concluiu com este maravilhoso cumprimento, uma síntese de crítica literária:

— Me amarro em livro assim, cheio de submundos...

Fez uma pausa e completou:

— Quando a gente cresce, o livro também cresce...

Tem coisa melhor do que ouvir isso de uma criança leitora? Não é uma alegria para guardar pelo resto da vida?

Mas uma reação com esse grau de sensibilidade, por mais rara e preciosa que seja em sua formulação, não é exatamente uma exceção ou uma experiência leitora única. É mais frequente do que se costuma imaginar. Tenho certeza disso, pois ao longo da vida encontrei várias observações comparáveis, oriundas da leitura infantil generosa, inteligente e acolhedora.

A de meu filho Rodrigo, por exemplo, acabando de ouvir pela primeira vez o disco Os *Saltimbancos*, de Chico Buarque, e imediatamente pedindo para ouvir de novo. Na segunda audição, atento, acompanhando a letra impressa no encarte, já cantarolava junto:

Era uma vez (e é ainda)
Certo país (e é ainda)
Onde os animais eram tratados como bichos
(são ainda, são ainda)...

Ao final, muito sério, comentou:

— Puxa, agora vou ter de ler de novo tudo quanto é livro que eu já li...

E diante de minha surpresa, explicou:

— É que eu nunca tinha reparado que pode sempre ter uns parênteses que juntam aquela história com a história da gente...

Ou seja: não são necessários complicados tratados teóricos sobre a estética da recepção para termos a revelação de como a arte atinge o espírito humano.

Lembro ainda outro brilhante comentário infantil sobre como funciona a literatura. Eu estava visitando uma escola no México quando um menino de traços fortemente indígenas levantou o braço para fazer uma pergunta e lançou a indagação, entre tímido e corajoso:

— Quanto anos a senhora tem?

A professora ficou vermelha, embaraçada com a curiosidade indiscreta, apressou-se a pedir desculpas e repreendeu o aluno, explicando a ele que não é de bom tom perguntar a idade de uma senhora. Tratei de responder imediatamente, com naturalidade, até para protegê-lo da bronca que percebi prestes a desabar. Mal tive tempo de informar a idade que tinha na ocasião e ele já engatilhou a continuação do raciocínio em nova pergunta, enquanto a professora não sabia se punha as mãos na cabeça em desespero ou se em seguida o abraçava comovida:

— Então, me diga: como é que uma velha de 62 anos...

(ai, meu Deus, esse menino nos envergonha, desculpe...)

—... que mora lá longe, no Brasil, assim como a senhora, consegue saber direitinho o que se passa dentro da cabeça de um menino de dez anos, como eu, que mora aqui no México? E a senhora nem me conhece...

Acho bonito constatar como uma criança conseguiu formular tão bem essa sensação que os leitores de literatura conhecem, a partir de sua experiência de leitura. Quando a gente lê Montaigne, por exemplo, que escrevia seus *Ensaios* na tentativa de conhecer a si mesmo e se examinar como tema do próprio livro, várias vezes nos surpreendemos, de forma semelhante a esse admirável menino mexicano, meio incrédulos, a conjeturar: "Como ele sabia de tudo isso a meu respeito?". E, hoje, lembrando de minhas próprias leituras em criança e adolescente e das discretas alegrias que elas me proporcionaram, sei quanto me identifiquei com tanta coisa que encontrei em livros que me encantaram — como o anseio de liberdade de Huckleberry Finn, o personagem de Mark Twain em *As aventuras de Huck*, a enganar os adultos e ajudar um negro escravizado a fugir do cativeiro numa balsa precária pelo rio Mississípi, mesmo se o pastor na igreja dizia que isso era pecado e ele preferia se arriscar a ir para o inferno, sem abandonar o amigo. Ou quanto eu percebi que não estava sozinha ao reconhecer na Emília, de Monteiro Lobato, a irreverência que eu gostaria de ter diante dos adultos, de modo a poder lhes dar respostas atrevidas. Ou, no encontro com um personagem como a Jo Marsh, de Louisa May Alcott em *Mulherzinhas*, a empolgação que me dava a ideia de uma menina capaz de ficar independente e ajudar a ganhar dinheiro para manter a família, por meio de um livro que ela escrevia e conseguia publicar. Ainda recordo a intensidade da aflição que eu tinha em pequena ao ouvir falar em orfanatos e crianças abandonadas e temer que isso me acontecesse, mas como me sentia menos sozinha ao ler sobre a orfandade e a solidão que eram narradas em tantas histórias que eu lia e que refletiam essas minhas angústias, tristezas e meu pavor de me ver abandonada, mas que depois acabavam bem, como *João e Maria*, *Cinderela*, *Oliver Twist* ou *O jardim secreto*. Ou como sonhava em ter a coragem de personagens como Robin Hood ou o menino Jim, em *A ilha do tesouro*, capazes de enfrentar bandidos e sair vencendo ao final, depois de perigosas peripécias na floresta ou pelos mares afora.

Em outras palavras: entendo perfeitamente o que o menino mexicano queria dizer sobre encontrar nos livros coisas que falam de como a gente sente.

Desse mesmo México, em outra ocasião me veio uma alegria inesquecível, de outro tipo, num encontro de docentes promovido pela Secretaria de Educação Pública.

Durante muitos anos, o país não contara com programas oficiais de acesso à literatura nas escolas públicas, ainda que tivesse livros didáticos de boa qualidade fartamente distribuídos — mas sem o cuidado de incorporar a arte literária no material à disposição dos alunos. Quando essa situação começou a mudar, até por efeito do bom exemplo de iniciativas brasileiras bem-sucedidas, os mexicanos começaram a cuidar atentamente da introdução de obras literárias infantis nos programas de leitura. Nos primeiros anos se constatou que, em muitas regiões em que predominava de modo muito forte uma língua indígena, as famílias rejeitavam o castelhano com tal intensidade que as crianças faziam de conta que não entendiam esse idioma. Com frequência, os alunos ficavam impassíveis quando os professores lhes falavam em espanhol, ainda que o objetivo da educação não fosse substituir uma cultura pela outra, mas somar as heranças de ambas.

Nesse encontro em que estive presente e cuja lembrança agora evoco, de repente se levantou na plateia uma professora que participava no Yucatán de um grupo que trabalhava nessa linha de frente. Foi até o microfone e relatou que sua equipe tinha descoberto uma solução infalível para derreter esse aparente gelo infantil na sala de aula. Segundo sua experiência, bastava ler em voz alta para os pequenos um livro meu — *Camilão, o comilão* — incluído no projeto "*Libros del Rincón*". Trata-se de um conto cumulativo que conta a história de um porquinho guloso que sai pedindo comida aos amigos e depois chama todos para uma festa. Mas é também uma história para aprender a contar: a maneira pela qual a narrativa se constrói vai incluindo uma participação geral, com a contagem de números e a enumeração dos alimentos — melancia, abóbora, milho, banana, queijo... Por acaso, todos fazendo parte do cardápio corrente nas mesas do país. Tudo muito próximo à realidade das crianças, evocada de uma forma rimada e divertida, de oralidade muito forte.

Segundo o relato da professora, sempre os pequenos ouvintes se distraíam tanto com o que estavam ouvindo que se deixavam levar pela história. Esqueciam sua atitude negativa, e daí a pouco começavam a participar, rir, responder às perguntas levantadas no texto, interagir com as histórias. Assim se rompia a barreira. Por meio da brincadeira com a linguagem da narrativa, os pequenos abriam uma brecha acolhedora na muralha de sua língua materna e deixavam de fingir que só entendiam se as pessoas lhes falassem em maia. Passavam a se assumir como bilíngues.

Por causa disso, os professores incorporaram essa experiência à própria prática docente. Passaram a recomendar que o contato inicial com as crianças indígenas fosse feito a partir da leitura de meu livro, que assim começou a funcionar como uma ponte a convidar todos para uma festa, capaz de atrair os pequenos maias, fazê-los participar, contar junto e pedir bis.

Foi uma imensa alegria saber que um texto meu teve o poder de atingir dessa maneira pequeninos herdeiros da esplendorosa civilização maia, que se fechavam num idioma pré-colombiano e, sem deixar de ser quem são, se permitiram então romper barreiras poderosas de uma pretensa impassividade. Com o livro, se dispunham a entrar na festa e saíam de seu fechamento para virem rir em conjunto com outras crianças, de outras terras — a partir de brasileirinhos como eram meus filhos pequenos, para quem muitos anos antes eu tinha inventado essa minha história do porquinho comilão. Dessa forma, criou-se uma espécie de comunidade leitora virtual, por cima de barreiras temporais, culturais ou geográficas.

Aliás, nesse mesmo congresso na capital do México, em 1996, uma mãe veio me agradecer, contando que a leitura da edição mexicana de meu *Passarinho me contou* mudou o filho dela e influenciou a família toda. De acordo com seu relato, depois de ler o livro o menino ficava repetindo o estribilho do personagem, "problema da gente, problema da gente..." e se sentindo responsável pelo país e pela natureza. Passou a sempre tentar perceber o papel que cada um poderia ter na elaboração de saídas conjuntas para as dificuldades. A toda hora queria conversar com os pais e irmãos sobre os problemas que observava na atualidade e descobrir o que cada um pode fazer em busca de soluções.

— Obrigada por ajudar a formar um cidadão — ela me disse, ao contar os efeitos dessa leitura.

Mais recentemente, em Valdívia, no sul do Chile, tive outra imensa alegria que me foi trazida por professoras, num ótimo congresso em que lá estive, recebida com um carinho inenarrável. Relataram uma experiência repetida com pequenas variações em diferentes escolas rurais da região. Uma dessas coisas que a gente nem imagina que podem acontecer e que tocam diretamente o coração de um autor.

Há poucos anos, quando começaram a chegar à região as primeiras famílias de refugiados vindos do Haiti, havia nas escolas locais certa preocupação sobre como seria a recepção ou o primeiro contato da garotada local com os recém-chegados. São comunidades historicamente muito isoladas, basicamente de ascendência indígena, e esses meninos e meninas haitianos seriam os primeiros afrodescendentes a serem vistos por lá. Nos encontros prévios, os professores discutiram entre si sobre possíveis estratégias de acolhimento, preocupados em construir atitudes positivas para receber os novos colegas. Mas não havia certeza de como deveriam preparar os alunos de cada turma, segundo cada idade. Acabaram resolvendo que iam deixar que tudo acontecesse com naturalidade, sem chamar a atenção previamente para eventuais diferenças étnicas ou culturais — mas com um corpo docente atento e prestes a interferir e orientar as turmas se fosse necessário.

Não foi preciso. Entregues a si mesmas, as crianças locais acolheram os pequenos recém-chegados com afeto e admiração. Evidentemente, perceberam diferenças na cor da pele dos novos alunos. No entanto, eram leitores de meu *Menina bonita do laço de fita* em espanhol (um livro muito popular e que faz muito sucesso em toda a América Latina na linda edição venezuelana da Ekaré, *Niña bonita*). Em uma das escolas, diante dos novos colegas que chegavam, as crianças surpreenderam os adultos ao começar a bater palmas e entoar ritmadamente um coro espontâneo:

— *Niños bonitos, niños bonitos...*

Em outra escola, cercaram os recém-chegados com carinho e curiosidade, perguntando se eles eram príncipes e princesas das terras da África ou se vinham da Terra do Luar, como a pequena personagem do meu livro, a única pessoa de pele negra que tinham conhecido até então. Uma reação inteiramente inesperada que comoveu os professores e me encheu de alegria quando ouvi o relato. Não tenho como agradecer a esses pequenos leitores que me leram com tal profundidade e entenderam tão bem o que minha história pretendia trazer para o acolhimento afetuoso das diferenças, transformando-o numa prática vivenciada com naturalidade.

Um dos mistérios maravilhosos da arte está justamente em permitir esse encontro do que vai dentro de um ser humano com o que vem dentro de outro, sem que eles sequer se conheçam. Muitas vezes, sem que sejam capazes de formular em palavras a intensidade do que ocorre nessa interação. Mesmo quando o pretexto detonador é uma obra feita de palavras — como é o caso da literatura. Mas, em alguns casos, parece que um encontro dessa natureza pode acabar indo muito além de um simples reconhecimento de emoções semelhantes.

E isso não é privilégio apenas de pequenos leitores, mais abertos a acolher reações afetivas.

A romancista nigeriana Chimamanda Ngozi Adichie, ao ser entrevistada para o *podcast* Wise Words do Catar[1], confirma essa experiência vivida ao chamar a atenção para os dois aspectos complementares que a leitura de literatura desperta no leitor. Por um lado, nos faz conhecer os outros, gente diferente com quem não costumamos ter contato — e ela cita que conheceu os indianos primeiro nos livros, só posteriormente ao vivo, mas que, quando isso ocorreu, ela já sabia muitas coisas da cultura deles, aspectos de como vivem e sentem e podia entendê-los. Complementando essa vertente, ela frisa que foi nos livros que percebeu quanto era igual aos outros. Por outro lado, esse mesmo fenômeno sublinha a importância imprescindível de que contemos aquelas histórias que só nós podemos contar, contribuindo dessa maneira para o entendimento da humanidade em geral. Ou seja, nas palavras da romancista, os livros que leu também serviram para sublinhar os perigos de nos contentarmos com pouco, se nos limitarmos a ter apenas uma história única[2].

---

1 Para ouvir a entrevista, em inglês, acesse o episódio nº 4 do Wise Word *podcast*, de 16 de janeiro de 2018, disponível em: https://www.wise-qatar.org/podcast/chimamanda-adichie/. Acesso em: 25 jun. 2021.

2 Sobre o perigo da história única, é recomendável assistir à conferência de Chimamanda Ngozi Adichie, com legenda em português, disponível em: https://www.ted.com/talks/chimamanda_ngozi_adichie_the_danger_of_a_single_story/transcript?language=pt#t-13825. Acesso em 25 jun. 2021.

Na verdade, por meio da literatura, aquilo que é pessoal ou individual se replica e se multiplica nos outros, encontra eco em outras vidas. Por meio da empatia se chega a uma ampla comunhão com o humano.

Quando lancei o romance *Infâmia*, por exemplo, que bateu muito fundo na minha meia dúzia de leitores aos quais ele chegou, encontrei reações que me impressionaram. O comentário mais comum que recebi de alguns, em diferentes países, foi no sentido de dizer que se sentiam transformados pela leitura e nunca mais leriam jornais da mesma maneira. Um dos leitores, no entanto, foi mais além. Ao me procurar num lançamento, identificou-se como Anderson e disse que já lera o livro, pois o comprara e devorara em poucos dias, porque alguém lhe avisara do que a história tratava e sabia que era ele o personagem que eu retratei sob o nome de Custódio. Cabeça branca, olhar digno, porte altivo. Narrou como fora perseguido por ter descoberto e atrapalhado um esquema de corrupção na repartição onde trabalhava. Como o nome dele ficou sujo e como os amigos se afastaram, culpando-o de algo ou se sentindo traídos de alguma forma por ter se recusado a acobertar a maracutaia. Estava convencido de que eu apenas reproduzira no livro a sua história, que eu provavelmente tinha conhecido pela indiscrição de algum amigo comum que tínhamos nos movimentos negros. Não acreditou que o personagem do Custódio se tratava de alguém inventado, criação minha, imaginado a partir de observações e de minhas próprias dores e experiências. Contou vários detalhes coincidentes com os da minha história, e chorou, diante da mesa de autógrafos, em plena livraria. Muito emocionado, comentou que se sentia vingado, de alguma forma, com a publicação do livro, cujo enredo estava escancarando e mostrando ao mundo a injustiça que sofrera e o tanto que padecera. Algo que agora os outros poderiam ver e entender. Fazia questão de me agradecer por isso.

Diante da cena, e da força daquela emoção de um senhor de idade, trabalhador e injustiçado, também fiquei com os olhos marejados, pois conheço muito bem a intensidade do sofrimento de que ele falava. Mal se afastou, eu ainda comovida, aproximou-se outro estranho, com uma história parecida. Era médico, havia sido acusado injustamente de querer furar a fila de transplantes para beneficiar alguém importante e passou por calvário parecido. Mesmo tendo sido totalmente inocentado ao final, fora submetido a escândalo público, com quebra de seu sigilo bancário, seu nome enlameado, reportagens nos telejornais, polícia invadindo sua casa às seis da manhã para levar documentos e computadores. Descobrira-se impotente diante da dor do pai octogenário aposentado que presenciava o escândalo de uma acusação injusta... Eu não criara meu personagem inspirado nesse médico. Mas a história desse doutor, sim, realmente eu conhecera e acompanhara nos jornais. Se não me servira de modelo e inspiração direta, me ajudara a comprovar, sem qualquer dúvida, como esses episódios estavam se tornando cada vez mais comuns em nossos tempos e em nossa sociedade e me levaram a lançar o alerta em meu livro. Sem qualquer alegria por estar mergulhando nesse universo, mas com a sensação de estar fazendo a coisa certa ao não me calar.

Mas vale aqui lembrar que essa identificação de leitor com personagem aconteceu outras vezes, em outros contextos. Um jovem auxiliar de serviços gerais que trabalhava no escritório de um sobrinho meu, advogado, foi reclamar com ele porque achou que sua intimidade tinha sido violada. Ao ler meu livro, descobrira que a experiência do adolescente de *Tudo ao mesmo tempo agora* era igual à vivida por ele. Mais claramente, disse que as coisas que aconteciam com o personagem Juju até eram diferentes — no livro eu devia ter mudado um pouco, dizia, para disfarçar, transformando em filho de porteiro um mensageiro de um escritório —, mas que por dentro o garoto era exatamente igual a ele. Pensava as mesmas coisas e tinha sentimentos muito parecidos. Até dizia coisas que ele já dissera. Meu sobrinho não lera o livro nem fazia ideia do que se tratava, nem a que ele se referia de forma tão dolorosa. Mas entendeu que aquilo era sério. Não conseguia enfrentar a justa irritação do rapaz por achar que, sem direito algum, ele havia sido indiscreto e comentado comigo sobre a vida dele. E então a tia escritora resolveu "botar num livro e contar para todo mundo". Nunca se convenceu de que nada disso ocorrera.

Em outro episódio, a escritora Marina Quintanilha me contou que uma frequentadora da biblioteca em que ela trabalhava também se sentiu usada como modelo de uma personagem adolescente minha — a de *Mistérios do mar oceano*. A menina estava convencida de que alguém me falara sobre ela, inclusive com detalhes que jamais revelara aos outros e nem conseguia imaginar como eu descobrira. Tudo muito igual, reclamava ela, eu nem ao menos disfarçara e até dera à minha protagonista o mesmo apelido dela, Cris. Foi preciso um encontro comigo para que eu lhe falasse sobre o processo da escrita do livro e ela entendesse que se tratava apenas de uma misteriosa coincidência.

Em certa edição da Feira Internacional do Livro de Bogotá, há alguns anos, fui emendando uma sucessão de atividades, tendo de cumprir uma agenda muito carregada, como costuma acontecer nesses eventos — palestra, debate, entrevista, sessão de autógrafos. Ao final de cada um desses compromissos, alguém da organização se aproximava de mim e, em meio ao tumulto de gente me cercando, perguntava para onde é que eu estava indo exatamente naquele momento. Eu consultava a agenda para responder ou dizia que eles é que sabiam para onde iam me levar. Mas na terceira ou quarta vez, fiquei intrigada com a repetição dessa consulta, tão pouco usual nas circunstâncias, e quis saber a razão daquela curiosidade inusitada.

Explicaram que era porque uma leitora estava vindo com o filho, de longe, de outra cidade, num ônibus, só para me ver. O trajeto era longo, e o trânsito estava ruim, mas ela estava preocupada porque não queria correr o risco de me perder. Mandara avisar que tinha resolvido saltar do ônibus e tomar um táxi para me alcançar. Ficava telefonando a todo instante, aflita, para pedir que por favor não me deixassem ir embora. E os funcionários da Feira precisavam saber onde me achariam quando ela chegasse, por isso tentavam acompanhar os detalhes de minha agenda e meus deslocamentos.

Mas as horas se passaram, o dia de trabalho foi chegando ao fim, e o mistério não se esclareceu. Ela não deu as caras. Quando eu já ia embora, passei pelo *stand* do Brasil para me despedir e encontrei Elisabeth Serra, da FNLIJ, conversando com uma senhora e um menino. Era a pessoa que estava à minha procura. Assim que me viu, Beth apontou para mim, sorriu e disse:

— Olha ela ali chegando...

A mulher se adiantou, deu um sorriso, me abraçou e de repente desatou a chorar. Aos soluços, nem conseguia falar. Foi meio constrangedor. Esperei passar aquele momento emocional, sentei-me com ela e o filho num canto, mandei buscar água, compartilhei uns biscoitinhos que tinha na bolsa... Só então se apresentou e pude ouvir a história que Amparo me dava de presente.

Muitos anos antes, ela tivera uma briga feia com o pai. Não apenas ele cortou relações e não quis mais falar com ela, como também se mudou de cidade, não atendia aos telefonemas da filha e nem mesmo quis conhecer o neto quando este nasceu. O menino foi crescendo. Na escola, descobriu meu livro *De carta em carta*, que gira em torno de avô e neto que se desentendem e se escrevem cartas. Cismou de escrever para o avô que não conhecia. De início, foi ignorado. O velho não dava sinal de vida. Mas, aos poucos, o menino foi obtendo respostas curtas. Animados, ele e a mãe resolveram mandar meu livro de presente para o avô. A partir daí e dos comentários que a leitura suscitou, acabaram todos fazendo as pazes, inaugurando uma série de visitas mútuas. Por isso ela agora fazia questão de tomar um ônibus com o filho em outra cidade e vir me agradecer em pessoa — como se eu tivesse alguma responsabilidade direta pela paz familiar, brotada de uma criança que se sentiu tocada por uma leitura a ponto de querer seguir o modelo do personagem. Como eu quis fazer tantas vezes em minha infância, a partir da admiração por Emília, Tom Sawyer ou Jo Marsh.

De carta em carta, aliás, foi um livro que me trouxe inúmeras alegrias. Uma delas foi o relato que me fez em Parma um jornalista venezuelano, Gustavo Puerta, sobre a experiência que lhe fora narrada pouco tempo antes por um professor em Madri. Começava lembrando que, nessa Europa cheia de imigrantes e refugiados, em turmas que têm alunos de muitas culturas misturadas, costuma ser difícil interessar as crianças por livros de literatura — pela multiplicidade de referências que as histórias trazem e pela quantidade de alusões culturais pressupostas, nem sempre compartilhadas pela maioria dos alunos ou, pelo menos, ao alcance de todos. O jeito então é trabalhar com o humor ou o medo, em histórias curtas, sempre. Mas esse professor resolvera experimentar com um livro mais longo, e escolheu *De carta em carta*, planejando contar cada dia um pouco, no ritmo de leitura que lhe parecia mais adequado.

Logo no primeiro dia se surpreendeu, porque não conseguiu interromper, como pretendia. Numa turma com predomínio de alunos da Europa do Leste, cheia de romenos, aconteceu o inesperado: as crianças marroquinas, geralmente mais silenciosas e pouco participantes em aula, tomaram a palavra e insistiam para que ele seguisse adiante, continuando a leitura até acabar a história.

No final, discutiram muito. Um dos pequenos, mais aculturado e imerso na tecnologia, estranhou que na minha história as pessoas escrevessem cartas, quando seria mais fácil falar ao telefone ou mandar mensagem pela internet. Um menino refugiado da Somália, especialmente reservado e que até esse dia jamais participara das discussões em sala de aula, deu então uma resposta que comoveu a todos. Disse que em muitos lugares muitas pessoas não têm telefone. E que às vezes carta pode ser melhor, porque na carta fica um pouco da pessoa — e quando a gente está longe e sente muita saudade, sempre pode reler. E, principalmente, depois que morre não se acaba. Contou, então, que falou muitas vezes pelo telefone com a avó, que ficara na Somália quando a família migrou para a Europa. Mas, depois que ela morreu, descobriu que era confortador ele ter, pelo menos, umas cartas dela para continuar a ouvi-la nos momentos de muita saudade. Por isso entendia melhor o meu livro e fez questão de dizer isso, rompendo o retraimento que até então o mantivera fechado sobre si mesmo em sala de aula, sem participar de quase nada.

A propósito desse aspecto de não conseguir interromper a leitura em classe de um livro meu, tenho alguns depoimentos lindos de outros professores. Como o de Ruth, mulher de meu editor dinamarquês Vagn Plenge, ao me contar que o único livro que ela tinha certeza de que "poderia ouvir um alfinete cair se o lesse em voz alta para uma turma" era meu *De olho nas penas* — e tinha feito a experiência algumas vezes, sempre com o resultado de obter silêncio atento em turmas diversas em diferentes escolas. Comentário semelhante me veio por *e-mail* em 2007, de uma professora de uma escola multicultural, também em Copenhague, a dizer que esse livro é uma das obras com que ela mais trabalha, porque tem certeza, sempre, de que se trata de um texto capaz de atrair a atenção das turmas mais irrequietas e dispersivas, por mais variados que sejam os *backgrounds* dos alunos. Alguma coisa no relato faz todos ficarem quietos e curiosos, atentos ao que vai acontecer a seguir, mesmo que seja só para descobrir o que se passa dentro das emoções do personagem. Para mim, é um mistério absoluto. Não faço ideia de qual possa ser esse segredo.

Graças a esse livro, aliás, eu tive uma lição imorredoura. Ao sair em sueco, foi meu primeiro título publicado no exterior. Antes de viajar para a Escandinávia por ocasião de seu lançamento local em 1981, eu tinha passado um mês em Angola — então ainda imersa no final da terrível guerra civil da independência. A convite do Instituto Nacional Angolano do Livro e do Disco (Inald), participei de um esforço coletivo com escritores locais, como Pepetela e Manuel Rui, para tentar promover a então incipiente literatura infantil do país. Ao lado de amigos do Inald como Gabriela e Otaviano, organizamos oficinas de escrita que reuniam operários, soldados, donas de casa, professores, para estimular a criação de novos textos. Numa das linhas de atuação, propus que recolhêssemos relatos da tradição oral popular e tentássemos trabalhar a partir deles. Nessa perspectiva, começamos a visitar aldeias, onde ouvíamos quem quisesse contar histórias, sobretudo os mais velhos, cujas narrativas anotávamos ou gravávamos em aparelhos a pilha, já que muitas vezes não havia energia elétrica nesses locais. Coletou-se um verdadeiro tesouro de literatura oral para os arquivos do Inald. Mas, para que as crianças desses lugares distantes pudessem participar, sem se limitar a ouvir, nos encontros com elas também conversávamos sobre a leitura de histórias minhas. Sempre que possível, antes de minha chegada os pequenos já teriam lido um de meus livros, e o escolhido foi *De olho nas penas*.

Devido a essa coincidência, no intervalo de poucas semanas eu tive a insólita e preciosa oportunidade de conversar sobre a mesma obra com crianças angolanas e suecas mais ou menos da mesma idade. Aparentemente tão diferentes, em contextos tão diversos. Essa coincidência me fez constatar algo que, ao longo dos anos seguintes, tive ocasião de confirmar com alegria: o que nos aproxima é muito maior do que aquilo que nos afasta uns dos outros. As perguntas que as crianças faziam eram praticamente as mesmas, em Angola ou na Suécia. Suas reações e comentários a um mesmo livro eram muito semelhantes — na curiosidade despertada, nos mecanismos de identificação ou projeção com personagens e situações, nas autodescobertas, por mais que as ressonâncias culturais fossem díspares. As leituras feitas por crianças tão diferentes me mostraram a força com que uma narrativa pode ser *ao mesmo tempo* uma janela para o outro e um espelho de si mesmo. É importante se ver refletido num livro, identificar-se com um personagem ou situação encontrados no universo da leitura, constatar que não estamos sozinhos e que outras pessoas no mundo vivem algo igual ou parecido. Mas não basta apenas ter espelhos. É fundamental descobrir quem é diverso ou diferente, que um livro nos leva a crescer muito além de nossos limites individuais, que nos oferece a revelação de infinitas possibilidades, a abertura para a rica diversidade da vida, da história e da humanidade como um todo. Uma casa em que todas as paredes são recobertas de espelhos seguramente é redutora de experiências e leva a uma enlouquecedora supressão de horizontes. Empatia e autodescoberta se entrelaçam no vigor imorredouro da literatura, em qualquer circunstância, para qualquer idade.

Essa constatação me confirmou algo que eu já intuía, levando-me a consolidar a firme convicção de que é uma bobagem absoluta advogar que livros para crianças devem sempre oferecer aos pequenos leitores histórias que "tenham a ver com sua realidade", como tantas vezes uma visão redutora pretende defender ou impingir. Pelo contrário: os bons livros sempre podem ser assim ou assado. Para qualquer idade, não faz diferença. Podem mostrar circunstâncias parecidas com aquelas em que vive o leitor ou ambientes e situações completamente diferentes, oferecendo-lhe a possibilidade de entrar na pele dos outros, conhecer por dentro e por fora quem é diverso e passar por experiências que lhe são totalmente estranhas. Dessa forma, por meio da leitura, os leitores podem viver outra vida ou entender melhor a sua própria. O mecanismo de projeção é tão importante quanto o de identificação, para qualquer leitor.

De encontros com alunos em escolas no exterior, tenho algumas ótimas lembranças — como debates com alunos do Liceu Gérard Philipe e do Liceu Montaigne, em Paris, comentando *Bisa Bia, Bisa Bel*, por exemplo. As diversas turmas embarcaram na história sem qualquer restrição. No entanto, seus professores, ainda que se revelassem seduzidos pelo texto, pelos personagens e pelo enredo, ficavam cartesianamente buscando explicações tecnológicas e racionais que permitissem a possibilidade de um holograma com som, capaz de atravessar o tempo e dar margem ao encontro de gerações. Muito divertido de observar...

Também tenho ainda bem vivo em mim um comovente e inesquecível circuito pela *campagna* italiana, com divertidos e animados encontros com crianças nas escolas em Sissa e Roccabianca, em torno a Parma, a partir do Festival Piccolo Mondo em 2007, debatendo *Um dia desses* e *Menina bonita do laço de fita*. Nessa mesma Itália alguns anos depois, em turmas de escolares um pouco mais velhos na Emilia Romagna, já após o lançamento da edição local de *Do outro mundo*, fiquei tocada com a sensibilização dos pré-adolescentes, provocada por esse meu livro, para o horror da escravidão. E, em seguida, emendando com acalorada discussão sobre racismo, que aproximava a história do Brasil evocada no livro de uma análise do cotidiano europeu atual, numa sociedade marcada por graves problemas em relação a milhares de migrantes clandestinos — que hoje cruzam o Mediterrâneo em botes e barcos precários para fugir de guerras e da miséria no norte da África ou no Oriente Médio.

Houve ainda um incrível *tour* que fiz pela Irlanda na primavera de 2015, quando *Mensagem para você* (*The History Mistery*, na edição da Little Island) foi escolhido para ser o tema de uma espécie de gincana nacional de leitura. Atravessei o país visitando escolas de uma costa a outra, entre campos verdes cheios de carneiros, separados por cercas de pedra e salpicados de *cottages* com telhado de colmo. Visitei acolhedoras bibliotecas instaladas em igrejas reformadas. Parava para almoçar em cidadezinhas de pescadores entre barcos, gaivotas e redes estendidas para secar. Fui a Dublin, Galway, Roscommon, Gort, Skerries, Rush... Tudo lindo, um programa extensíssimo e bem organizado em um país apaixonante.

Depois de debater o livro com leitores empolgados, ao longo de várias visitas a essas escolas irlandesas, fui percebendo em seus comentários um aspecto que me surpreendeu. Eram meninos e meninas fascinados com a naturalidade da intromissão do maravilhoso em situações da realidade cotidiana — algo a que não estão acostumados. Normalmente, os livros juvenis que dominam o mercado internacional tendem a seguir gêneros muito definidos: ou bem são de fantasia, ou são realistas e tratam de problemas sociais e psicológicos concretos, de forma quase pesada. Em meus livros, os jovens leitores estavam encontrando essa irresistível mistura que herdamos de Monteiro Lobato e que lhes trazia enorme estranhamento e adesão incondicional: um universo em que o real e o maravilhoso se misturavam com naturalidade, permitindo que as situações saíssem de uma esfera para outra sem estranhamentos. Talvez por isso eu me deparava com uma sugestão recorrente. Invariavelmente, os alunos me pediam que escrevesse uma continuação da história. Explicavam que queriam seguir encontrando aqueles personagens em outras situações pela vida afora, sem ter de se despedir deles.

Guardo dessa viagem pela Irlanda um conjunto de lembranças emocionantes, calorosas, de adolescentes afetivos levando-me a me sentir em casa. Em muitas dessas escolas, fui recebida com bandeiras brasileiras e irlandesas entrelaçadas — ou, em um dos casos, em Gort, grafitadas no muro do pátio, por meninos entusiasmados com nosso futebol. Até professora brasileira havia numa delas, na Scoil Eoin, com avisos trilíngues (em gaélico, inglês e português), sinal de uma rica convivência com muitas crianças oriundas de famílias goianas que emigraram para lá, a fim de trabalhar em frigoríficos — setor em que os pais já eram mão de obra altamente especializada no Brasil. A nossa diáspora vai se estendendo e chegando muito mais longe do que imaginamos.

Para culminar, na Biblioteca Pembroke, de Dublin, participei de um longo encontro com leitores depois de uma entrevista em que tive a imensa alegria de ouvir de uma jornalista chamada Eimear Hegarty, da revista *Inis*, uma das mais inteligentes e instigantes perguntas que a imprensa jamais me fez:

— Você acha que a linguagem na literatura infantil deve ser mais fiel a uma gramática descritiva ou prescritiva?

Foi um presente ser levada a pensar sobre isso para tentar responder como ela merecia. Para jornalista bom dá vontade de bater palmas!

Mas não ficamos nisso: em seguida a um debate com estudantes das escolas locais veio um grupo de crianças brasileiras de dupla nacionalidade conversar comigo. Uma das mães sabia de cor trechos do *Bisa Bia, Bisa Bel*, ecos da infância no Brasil. Outra me fez chorar, Mariana. Viajara para a Irlanda a fim de estudar, anos antes. Casou-se com um irlandês e foi ficando. Estava com um filho de um ano, Kean. Emocionadíssima, o trouxe para me conhecer. E trouxe também um livro brasileiro de que gostava muito. Tanto que o incluíra em sua parca bagagem ao se mudar para lá, havia sete anos. Um exemplar bem manuseadinho, já que o lia e relia desde menina e agora já contava a história ao filho. Era meu *Menina bonita do laço de fita*, que tirou da mochila, todo amarrotado, e trazia para eu autografar.

Também em outro desses encontros com pequenos leitores estrangeiros, foi difícil conter o nó na garganta. Na Flórida, visitando a escola Ada Merritt — então a única escola pública bilíngue com português nos Estados Unidos —, descobri, comovida, que os alunos de todas as turmas tinham lido livros meus. Entre várias atividades, trouxeram-me uma montagem teatral lindinha de meu *Bisa Bia, Bisa Bel*, toda falada em português mas com sotaque americano... Mais que isso: vinham trabalhando com minhas diferentes histórias havia anos e tinham acesso a uma biblioteca escolar de cinco mil volumes, muitos em nossa língua. Coroamento de um trabalho longo e delicado de gente como Adriana Sabino, uma batalhadora que é a alma do Centro Cultural Brasil-Estados Unidos em Miami. Comprovando os frutos de sua atividade valiosa, hoje o ensino bilíngue inglês-português já se estende também a um outro conjunto de escolas da região, as Downtown Doral Charter Schools.

Mas, quando eu fui lá, era apenas no Ada Merritt. Com alcance e profundidade impressionantes, aquecendo a alma brasileira. No recreio, os pequenos brincavam de roda ouvindo o CD que acompanha meu *O tesouro das cantigas para crianças*. Fizeram dramatização de livros meus. Eram alfabetizados com a série "Mico Maneco" e os menorzinhos fizeram um jogral com *No barraco do carrapato*. Os maiores, de forma inteligente e preparada, debatiam situações de minhas novelas juvenis.

A alegria de momentos assim não tem a ver com vaidade nem com estrelismo ou com achar que isso é sucesso. É de outra espécie, em feitio de oração. Uma emoção inacreditável, de agradecimento, diante do presente misterioso que a vida me deu, de poder desempenhar esse papel de atingir pessoas além de barreiras geográficas, etárias ou culturais, compartilhando a cultura que amo e à qual pertenço. Nosso jeito brasileiro de ser, sentir, pensar, com o que quer que seja que ele tenha para dar ao mundo.

Os exemplos são inúmeros, de vários tipos. Eventualmente, com sentidos novos reinventados, graças a pessoas que trazem leituras fecundas e criativas ao que eu escrevi em outras circunstâncias. É esse o caso, por exemplo, de uma rede virtual de professoras e mães pela América Latina afora que, durante a pandemia do coronavírus, descobriu que, a partir de meu *Dia de chuva* em castelhano, são infindáveis as brincadeiras com a imaginação infantil que podem ser exploradas em conjunto quando as circunstâncias não permitem sair de casa. Ou, ainda, de um emocionante encontro com um projeto de mulheres colombianas que, ao final de cinquenta anos de guerra civil, incorporaram meu *Ponto a ponto* (e suas ilustrações feitas de bordados, todas lindas nas diferentes edições) como um dos fios condutores em seus encontros regulares de tecelãs e contadoras de depoimentos vividos e histórias relembradas —

a confirmar a proximidade entre textos e têxteis, justamente a hipótese sobre a qual se tece meu livro, dando origem a um trabalho que fizeram questão de me contar na Feira de Medellín em 2017.

Não posso deixar de lembrar também uma admirável experiência mexicana de enfrentamento do medo que a rede de escolas de Coahuila organizou em 2018. Partindo da celebração dos duzentos anos de publicação de *Frankenstein*, propuseram trabalhar com os monstros inventados e concebidos por cada criança em paralelo à leitura de meu *O domador de monstros*. Desse modo, os pequeninos puderam viver uma rica experiência paralela à dos adolescentes que, no mesmo município, exploravam o terror trazido na leitura do personagem de Mary Shelley. E todos se sentindo integrados por uma experiência educacional compartilhada por alunos de diferentes escolas, ao mesmo tempo capaz de respeitar as diferenças de idade mas conseguindo integrar reações de faixas etárias diversas a leituras sobre monstros, medos, os temores mais recônditos de cada um. Despertaram minha admiração, vindo se somar a outros trabalhos de professores e alunos sobre o medo em situações levantadas a partir de histórias que criei, e que eu já tivera chance de conhecer em outras ocasiões, tanto no Brasil quanto em outros países. Como em 1992, na Alemanha, em uma série de visitas que fiz a escolas e bibliotecas lendo e comentando a tradução alemã de meu conto *Com licença, seu bicho-papão*. Ou mais tarde, na Galícia, quando todo um congresso de literatura infantil em Pontevedra se organizara em torno desse tema universal do medo, tanto em debates de especialistas numa feira internacional de livros quanto nas conversas com grupos de crianças que visitavam a feira de livros em paralelo e vinham discutir a versão espanhola de *Alguns medos e seus segredos*. Sempre me dando a oportunidade de constatar com admiração quanto a literatura infantil consegue ir fundo numa emoção tão básica e universal como é essa do medo, propiciando condições de que a criança o enfrente por meio do humor ou do simbolismo poético, ou, ainda, por meio do conhecimento que permite enfrentar o desconhecido. Todos esses caminhos, aliás, já amplamente abertos em nossos grandes clássicos para crianças — de

O saci, de Monteiro Lobato, a *Pluft, o fantasminha*, de Maria Clara Machado. E chegando até *Chapeuzinho Amarelo*, de Chico Buarque.

Essa capacidade de nos aproximarmos por meio do compartilhamento de vivências emocionais intensas despertadas pela leitura de ficção não cessa de me admirar. Não consigo explicar como meu coração se enterneceu ao encontrar leitores na Guiana Francesa, em uma sucessão de visitas que fiz a escolas e bibliotecas em 2005, conversando com crianças que conheciam minha *Menina bonita* e nela se reencontravam, em diferentes cidades a que eu chegava percorrendo estradas que seguiam em meio às exuberantes paisagens verdes e úmidas da floresta equatorial. Não apenas em Caiena, mas também pelo interior, em Kourou, Rémire-Montjoly e outras localidades. Da mesma forma que fui tocada por relatos de escolas no interior de Moçambique onde meus livros eram a única leitura literária em português diante de estantes com livros em inglês num país lusófono. Ou de depoimentos de quem se voluntariou para trabalhar no Haiti depois do terremoto de 2010 e levou na bagagem minhas histórias com personagens em que meninas e meninos bonitos de lá, tão carentes de tudo, puderam se reconhecer, passear pela imaginação e aliviar por alguns instantes a pressão do pesadelo que os cercava.

São compartilhamentos a que meus livros me conduziram, de modo direto e presencial ou graças a uma rede de leitores, e que me transcendem. Encontros com os quais eu nunca ousara sonhar, e diante de cuja força só posso me fazer humilde e encolhida, ficando grata não sei muito bem a quê. Algo com que a vida me dá toques sutis a partir dos mais variados sinais. Como a surpresa de receber de meu editor chinês, na Feira do Livro Infantil de Bolonha, a tiragem oficial de folhas com selos do Correio da China, reproduzindo capas das edições locais de *Bisa Bia, Bisa Bel* e de *Procura-se lobo*, os dois títulos meus que fazem mais sucesso com os leitores de lá.

Neste rol de alegrias inesperadas, um lugar muito especial é ocupado pelo desenvolvimento de minha sucessão de encontros com o Gabriel Costa. Nem lembro bem como e quando começou nossa parceria. Ele era criança, leu o *Raul da ferrugem azul* e se apaixonou pelo livro. Ainda menino, teve a iniciativa de me escrever dizendo isso, contando seu sonho de ser cineasta quando crescesse e pedindo que eu guardasse para ele os direitos de filmagem da história. É claro que eu não podia assumir um compromisso desses. Respondi que não era bem assim que as coisas se processam, mas que, se ao crescer ele continuasse com esse propósito, podia me procurar novamente.

Os anos passaram e Gabriel fez novo contato. Tinha crescido, continuava firme em seu desejo. Queria saber se podia me mandar um projeto de roteiro cinematográfico. Concordei. Quando li, vi que era muito bom, inteligente, maduro, fiel à proposta do livro mas capaz de transformá-la em linguagem visual. E fazia parte de um projeto consistente: a ideia de fazer um média-metragem, com meia hora de duração, o suficiente para poder ser exibido e comentado durante o tempo médio de uma aula, para poder cumprir um circuito alternativo, no âmbito escolar. Autorizei, com alegria. Ele saiu em busca de financiamento. Lutou para conseguir — como qualquer um pode bem imaginar. Mas chegou lá e fez o filme.

Em 2004, finalmente, ele me convidou para assistir à sessão de estreia. Tive uma bela surpresa. Apesar das limitações de dinheiro e de recursos, com probleminhas técnicos aqui e ali, Gabriel tinha chegado a um resultado surpreendente com sua produtora, Arcanjo Filmes. Com a confirmação de seu talento e sua garra. Com sua logomarca brasileiríssima, de pegada africana, com um anjo mestiço portando facões de maculelê faiscantes quando se batem, em vez da espada de fogo bíblica. Com um olhar amoroso sobre a cidade do Rio de Janeiro e seus habitantes, fiel à cultura da comunidade onde se passa a história e ao espírito do livro que lhe serve de ponto de partida. Lá estavam na estreia os moradores da comunidade do Pereirão, contentes, se reconhecendo (muitos deles participando do filme). E toda a família do Gabriel — o irmão, que foi seu assistente na filmagem; a mãe, que o apresentou ao livro quando ele era criança; o pai, a mulher, os filhos... Tanto tempo já tinha se passado desde nosso primeiro contato. Depois fizemos um circuito de apresentações. Estivemos na Jornada Literária de Passo Fundo

(RS) exibindo o filme para aquela inacreditável plateia de milhares de pessoas.

Minha alegria de poder participar dessas sínteses culturais não tem tamanho e fico muito contente por ter acreditado no Gabriel, ter feito fé naquele menino maravilhoso que eu ainda nem conhecia e mal podia intuir, mas que me conquistou por completo com sua garra e seu talento.

Em algumas ocasiões, a gente já sabe que a situação geral do encontro com os leitores tende a ser carregada de muita emoção, pelo próprio contexto. Visitar escola de filho, neto, sobrinho, por exemplo, para conversar com as crianças. Ou voltar a uma escola onde eu estudei e entrar, agora como escritora, naqueles mesmos corredores onde fui aluna, para encontrar outra geração de estudantes, mas ouvindo e vendo sob essa camada outras vozes e rostos, de outros tempos. Invisíveis para todos os que me acompanham.

Mas nada se compara, em matéria de mexer fundo no coração da gente, com a singela atividade de dedicar um tempo a ler histórias e conversar com crianças doentes, internadas em enfermarias — muitas vezes sozinhas por um bom tempo, às voltas com a angústia e com o medo, além do desconforto e da dor física. O projeto "Biblioteca Viva em Hospitais", no Rio de Janeiro, desenvolve um trabalho maravilhoso, constante e muito sólido nessa área, reunindo médicos, enfermeiros e voluntários dedicados. Algumas vezes me convidaram para acompanhá-los, no Instituto Fernandes Figueira (IFF) e no Hospital Municipal Jesus (HMJ). Já escrevi detalhadamente sobre essa experiência que tiveram a generosidade de me proporcionar. Em outras ocasiões, como em São Paulo e no setor de pediatria do Hospital-Escola Álvaro Alvim (HEAA), de Campos dos Goytacazes (RJ), estive apenas em breves e festivas visitas, inaugurando salas de leitura com meu nome, agradecida pela delicadeza da homenagem e na certeza de que seria um espaço de conforto e esperança para pequenos leitores e suas famílias. E faço questão de render homenagem a uma batalhadora incansável nessa área, de quem me tornei amiga e me lembro com saudade e carinho, Beatriz Quintella, apaixonada por livros, brasileira radicada em Portugal, a quem devi tanto e com quem aprendi tanto, palhaça da alegria, tão cedo e brutalmente levada pela doença, arrancada do convívio da família, dos amigos e das centenas de crianças a quem deu tanta alegria e afeto.

Por outro lado, às vezes essa emoção que me toca veio de leitores que eram desconhecidos absolutos, gente que não sabia quem eu era e nem tomava conhecimento de minha presença ali ou de minha identidade. Isso só faz o impacto ser maior, até pelo inesperado da surpresa.

Certa ocasião, em Sevilha, 1994, eu participava de um congresso internacional de literatura infantil. Na véspera, fizera a conferência de abertura e agora estava livre de obrigações, podia relaxar um pouco. Meio cansada mas disposta a explorar a pé a cidade, resolvi me separar do grupo de amigos com quem almoçara e caminhar sozinha, tentando aproveitar um tempinho livre de compromissos. Hora da sesta na Andaluzia é sagrada. As ruas estreitas e as pequenas praças do bairro de Santa Cruz estavam desertas, ainda exalando um perfume de jasmim ou flor de laranjeira após um chuvisco recente. Eu só ouvia meus próprios passos e os de um casal que andava com uma criança um pouco à minha frente. De repente, pararam diante da vitrine de uma livraria onde, de longe, pude ver que vários livros meus estavam expostos, provavelmente aproveitando a visibilidade trazida pela cobertura jornalística do congresso internacional na cidade. Curiosa, eu diminuí o passo, me detive também como se olhasse a vitrine e ouvi claramente o menino festejando:

— Olha, mamãe, é esse o livro da *abuelita* de que eu falei ontem, que a gente leu na escola. É muito legal, e eu quero que você compre para mim... Assim eu posso ler de novo toda vez que eu quiser.

Uma porção de exemplares de meu A *velhinha maluquete* (*Abuelita aventurera*, na edição em espanhol) se mostravam, entre outros títulos, do outro lado do vidro. Fiquei tão contente que quase me identifiquei. Mas, encabulada, preferi não quebrar a magia íntima do momento. Apenas segui adiante, devagar e sorrindo por dentro, enquanto o menino, todo animado, recapitulava algo da história para o pai, mencionando meus personagens e a situação que o livro conta. E me lembrei de uma entrevista do compositor Antonio Carlos Jobim, que eu lera muitos anos antes, em que ele revelava que, mais do que gravar um disco com Frank Sinatra, o momento em que percebeu que estava fazendo sucesso foi quando ia atravessar uma rua em Copacabana e quase foi atropelado pela bicicleta de um entregador de tinturaria que passou veloz, assoviando "Garota de Ipanema", uma composição sua.

Mas em Estocolmo, alguns anos depois, numa tarde de dezembro em que começava a cair uma neve ligeira anunciando o inverno que chegava, não resisti e me apresentei.

Sob um lampião antigo preso à parede de pedra e um letreiro com ares do século dezenove, abri uma porta de vidro e entrei em uma charmosíssima loja de brinquedos na Cidade Velha, atraída por uma linda seleção de cromos vitorianos expostos na vitrine. Transportavam-me no tempo aos que eu comprava na Casa Mattos quando era criança e usava para enfeitar meus cadernos na escola. Uma verdadeira viagem à minha infância... Lá dentro, depois de escolher algumas folhas com imagens encantadoras, acabei também resolvendo comprar uns brinquedos artesanais para meus netos e andei a esmo pela loja. Era seguida pelo olhar atento da dona, que não me perturbava mas não me perdia de vista. Num canto, uma pequena estante oferecia livros — que eu não pretendia comprar, afinal, não entendo sueco. Mas deu para constatar que, em sua maioria, eram traduções de títulos internacionais muito bem escolhidos, com critério de quem entende do assunto. Quase todos eram versões locais de livros que eu conhecia bem — clássicos contemporâneos ingleses, alemães, franceses, japoneses, americanos, todos de autores ótimos e ilustradores premiados.

De repente, vejo que entre eles havia alguns exemplares da edição sueca de meu *História meio ao contrário*. Uma edição feita a partir da mexicana: uma brochura meio feiosa, com ilustrações em preto e branco. No meio dos outros títulos, aquele era o único livro ali naquela estante que não tinha atrativos visuais, não era colorido nem tinha capa dura. Quando peguei um dos exemplares, a vendedora me abordou. Primeiro, disse qualquer coisa em sueco.

Percebendo que eu não entendia, passou para o inglês e começou a me apresentar a obra que eu tinha em mãos:

— Não se impressione se esse livro é pouco atraente. Pode parecer assim um pouco sem graça, mas lhe garanto que é um dos melhores livros infantis que eu já li. Por isso está aqui, entre os que eu sempre faço questão de ter na loja. É excelente, de uma autora brasileira desconhecida mas premiada.

Quando me identifiquei como sendo essa autora, no primeiro momento ela não acreditou. Ou achou que tinha entendido mal. Precisei mostrar que o nome na capa do livro era o mesmo que estava em meu cartão de crédito. Confirmada a identidade, a dona da loja fez questão de reiterar os elogios, entre reclamações veementes, insistindo em dizer que eu não devia me contentar com um visual tão banal para um livro que tinha uma história tão maravilhosa. Insistia em dizer que não se conformava. Como meu editor não dava uma edição à altura para uma obra daquelas? Eu precisava reclamar com ele...

Tive de explicar que se tratava de uma editora pequena; o responsável queria manter o preço bem baixo e só encontrara quem traduzisse do espanhol, trabalhara a partir da edição mexicana, destinada às escolas, em grande tiragem, barata... Garanti a ela que a edição brasileira era linda, colorida, em papel excelente, muito bem ilustrada e de alta qualidade gráfica. Ela não se conformava com aquela apresentação tão modesta que tínhamos em mãos (nem eu, aliás, mas não me ficava bem admitir), insistia em comentar o sentido profundo do livro e fazer elogios. Acabou me dando um desconto na compra que fiz e disse que sempre iria lembrar daquele dia em que entrara em sua loja a autora de um livro como aquele, vindo de tão longe, parecia incrível... Eu é que sempre vou lembrar da alegria que ela me deu.

Igualmente lembro que um jornalista mexicano, ao me entrevistar na Colômbia em 2000 quando estive em Cartagena para receber o prêmio Hans Christian Andersen no congresso do Ibby (International Board on Books for Young People), me surpreendeu com um gesto simples. Ao final da entrevista, tirou da mochila um livro meu, com marcas de usado, e pediu que eu fizesse uma dedicatória. Mas explicou que não era para ele, era para os netos de Gabriel García Márquez, a pedido do próprio Gabo. O ganhador do Nobel, um dos meus romancistas favoritos sempre e que eu conhecera muito rapidamente em casa de Oscar Niemeyer quando ele estivera no Brasil alguns anos antes, estava morando no México na ocasião. Ao saber que o jornalista amigo dele iria me encontrar para uma entrevista em uma cidade querida, de seu país, pegara o meu livro que tinha na estante (não sei como nem por quê) e me mandou com um abraço de felicitações pelo prêmio e com o pedido de autógrafo. Para mim, aquilo era motivo de espanto. Como assim? García Márquez com livro meu na estante? E mandando me pedir autógrafo em outro país? Mistério dos mistérios. Só posso mesmo é me sentir igualzinha à boneca Emília, de Monteiro Lobato, e ficar toda ganjenta...

Outra pequena alegria secreta me une a Gabo e envolve também uma estante doméstica no exterior. Em visita à Suíça para uma reunião literária internacional, minha programação incluía um encontro na Basileia com uma jornalista especializada em América Latina. Chamava-se Regula Renschler, era fluente em espanhol e em português, conhecedora de nossa cultura, e mais tarde viria a ser tradutora de meu livro *Era uma vez um tirano* para o alemão. Recebeu-me carinhosamente em sua casa para uma entrevista inteligente, de perguntas fecundas e pertinentes. Dessas raridades que a gente lembra.

Ao final, íamos encontrar uns amigos e, enquanto ela se preparava para sairmos, tive uns minutos sozinha, livre para explorar as estantes de sua sala, repletas de livros arrumados pela ordem alfabética dos sobrenomes dos autores. Na prateleira dedicada à América Latina, encontrei alguns títulos meus, para crianças ou adultos, misturados, logo em seguida a Lispector, entre Llosa e Márquez. Tive a revelação de um olhar externo neutro a me situar, a me mostrar onde me colocam quando olham de fora de modo objetivo, com distanciamento. Foi a primeira vez que percebi essa forma de aparecer diante do mundo, e nunca esqueci.

Também está ligado a leitores de idades diferentes um privilégio de outro tipo, pelo qual me sinto muito grata. Acho que devo isso ao fato de eu ser um caso raro, de alguém que escreve, regularmente e com igual dedicação, para públicos de idades muito diferentes. Por isso, numa única semana de maio de 1995 eu tive a oportunidade, certamente vivida por pouquíssimos brasileiros, de dar dois mergulhos marcantes e contrastantes nas águas profundas de nossa variada realidade. Traços diversos que ajudam a retratar o país em sua diversidade.

Numa quarta-feira, passei o dia em Resende (RJ), na Aman, a Academia Militar das Agulhas Negras, centro de formação de oficiais do Exército Brasileiro. Nos dois dias seguintes, quinta e sexta, fui ao Mato Grosso do Sul para encontros com crecheiras — professoras e voluntárias que trabalham em creches.

Na Aman, estive com cadetes de doze turmas (média de trinta alunos em cada) que tinham lido meu romance então recém-lançado, *O mar nunca transborda*, passado num vilarejo do litoral capixaba ao longo de cinco séculos de história do Brasil. Foi uma sucessão de encontros e debates muito interessantes, com leitores atentos e participantes, que tinham se preparado muito para a ocasião, trazendo questões desafiadoras e variadas. Para mim, além da chance rara de conhecer o lugar, um centro de ensino de excelência, lutando com verbas curtas ou não liberadas, foi emocionante ver a intensidade com que os alunos mantinham a dignidade e a fé no país. Pude constatar como os jovens cadetes vibravam com a oportunidade de refletir sobre a nação e discuti-la numa perspectiva histórica, revelada em minha obra por meio de uma narrativa de ficção em que a literatura recriava a emoção de personagens humildes e esquecidos, de épocas diversas. Numa conversa muito enriquecedora para mim, discutimos as relações entre arte e história, examinando como a ficção literária consegue nos fazer chegar à verdade e viver emoções reais de épocas distantes que passam a ser mais bem entendidas por esse processo, usando a mediação de pessoas e situações imaginadas. Foi uma conversa tão vibrante e interessada como as melhores que tive em universidades com estudantes civis.

Além disso, como a visita se estendia por um dia inteiro, tive a oportunidade de almoçar com o comandante, general Ivan Bastos, e com o comando todo. No decorrer da refeição, tivemos uma conversa que fluiu tão simpática e agradável que acabamos perdendo a hora e, pela primeira vez na história da Academia (ao que me confessaram), as atividades da tarde começaram com quinze minutos de atraso. É que nos distraímos pensando o Brasil, conversando sobre livros e autores que o interpretaram, de Sérgio Buarque de Holanda e Gilberto Freyre a Vianna Moog. Partindo de leituras desses nossos intérpretes, trocamos impressões sobre a situação e as perspectivas da nação, irmanados numa mesma preocupação com nosso destino coletivo. Foi realmente um intercâmbio de opiniões e visões que nem sempre coincidiam mas sempre se respeitavam. A cada minuto eu me surpreendia, tendo que engolir preconceitos e ideias feitas que eu trazia de meu histórico de resistência ao autoritarismo do então ainda um tanto recente governo militar. Tive que dar a mão à palmatória (metaforicamente) diante do alto nível intelectual dos oficiais reunidos em volta daquela mesa no refeitório. Constatei sua evidente sinceridade na busca de entender e melhorar o país, numa conversa que fluía vibrante, com interesse homogêneo e atenção à opinião alheia, independentemente de quem estivesse se manifestando. Fiquei muito impressionada, feliz por ter tido ocasião de viver aquele momento fecundo de intercâmbio de ideias e pontos de vista. E profundamente grata por meus escritos me terem levado à oportunidade de viver uma experiência desse tipo.

No dia seguinte, com as crecheiras, mergulhei num mar de gente muito diversa, irrequieta e tagarela — mais de cento e cinquenta professoras e voluntárias dedicadas aos cuidados da primeira infância, focalizando questões que relacionavam educação pré-escolar e literatura. Participantes e interessadas, não tinham simplesmente sido arrebanhadas a mando de uma autoridade local, para engrossar estatísticas. Estavam ali porque queriam, tendo disputado sua vaga entre um número limitado de inscrições. Constituíam um público pagante, investindo na própria formação, nem sempre fácil. Havia profissionais que tinham viajado cinco horas de ônibus para me ouvir, vindo de municípios vizinhos. Contavam experiências emocionantes, relatavam casos concretos, tinham dúvidas pertinentes, intercambiavam descobertas reais, sem teoria. Seus depoimentos e dúvidas brotavam de um fazer cotidiano banhado em seu trabalho miúdo e fundamental e em sua dedicação profissional e afetiva a crianças concretas.

Ao mesmo tempo, vinham carregadas de afetividade pelas suas crianças e retratavam um corte social da primeira infância no interior do Brasil. Não queriam parar de falar e ouvir, fazendo com que eu me sentisse útil e entendesse quanto fazia sentido aquele encontro fascinante. Quase perdi o avião de volta — não fosse o prestígio do livreiro Sergio, telefonando para o balcão da companhia aérea e conseguindo que um amigo deixasse em aberto meu cartão para eu poder embarcar, depois de uma corrida desabalada pelas ruas de Campo Grande (MS), na tentativa de chegar a tempo... E durante o voo, voltei para casa refletindo sobre meus últimos três dias de conversas, dando graças à vida por meus livros terem me dado a oportunidade de vivenciar encontros com leitores que me enriqueciam tanto e me permitiam ver de perto facetas tão variadas de meu país e de minha gente, enraizando meu sentido de pertencimento a eles.

II

Tecendo a manhã

Um galo sozinho não tece uma manhã:
Ele precisará sempre de outros galos.
JOÃO CABRAL DE MELO NETO

As memórias individuais são ricas e cheias de alegria. Não insisto mais para não cansar os leitores. Mas sou capaz de ficar horas a fio relembrando experiências desse tipo, dando graças à vida por ter podido usufruir esses momentos, tantos e tão variados. Eventualmente, até posso já ter me referido a algumas delas aqui e ali. Mas na maioria das vezes fui discreta. Em geral, sempre tive uma espécie de pudor em relatá-las, com medo de que pudesse parecer que estou me gabando de alguma coisa, me vangloriando, quando na verdade apenas gostaria de deixar um tímido registro do tanto que recebi da generosidade e do afeto de tanta gente ao longo da minha vida profissional. Não é autopromoção nem *marketing*; é gratidão. Por isso, sempre hesitei bastante em ficar falando nessas coisas. Sou uma pessoa mais de surdina do que de megafone, e tendo mais ao sussurro ou à conversa íntima do que aos discursos, embora traga do tempo do magistério a disponibilidade para tentar discorrer didaticamente sobre temas que me pareçam merecer compartilhamento. Mas no geral tendo a me recolher no que poderia ser *marketing* pessoal — como se pode ver pelo fato de eu ter atravessado os meses de pandemia quase sem fazer *lives*.

No entanto, recentemente, conversando com amigas de minha geração, escritoras como eu, duas delas me fizeram ver essa questão de outro ângulo e me animaram a estar aqui agora trazendo estas evocações.

Minha querida Ruth Rocha, grande escritora, companheira de tantas andanças, irmã de trajetória e de escolha afetiva, chamou-me a atenção para uma quase obrigação moral que temos: uma espécie de dever cívico, de contar como era o panorama do livro infantil em nosso país quando começamos. Rememorar como se desenvolveu sua expansão pela sociedade brasileira nessas décadas ou como foi aos poucos, coletivamente, sendo conquistada nossa inserção internacional. Aquela sensação incomparável de poder testemunhar com certeza nítida, que Gonçalves Dias resume tão bem no verso do "I-Juca-Pirama": "Meninos, eu vi...".

Ruth argumentou — e me convenceu disso — que relatar esse processo equivale a não deixar esquecer o tanto que a nação caminhou nesse terreno, ao longo deste mais de meio século em que estamos atuando. Não que tenhamos feito segredo ou guardado estas impressões de forma egoísta. Pelo contrário, ao longo dos anos nunca nos furtamos a participar de iniciativas de estímulo ao livro infantil e (enquanto a saúde e a agenda nos permitiram) sempre nos multiplicamos em participações generosas em projetos variados que associavam a promoção da leitura, a defesa da literatura e o registro da memória. Nessas ocasiões, nunca deixamos de chamar a atenção para cada etapa do que ia sendo conquistado. Sempre falamos nisso e compartilhamos essas vivências, em inúmeras entrevistas e palestras. Mas esses depoimentos ao vivo a plateias diversas ou à mídia se perdem e se dissolvem no esquecimento coletivo. A assombrosa confirmação desse processo de olvido geral está no fato de que as perguntas que nos fazem sempre se repetem nessas entrevistas e palestras, como se não viéssemos repetindo as respostas em pequenas variações, no decorrer de décadas. Daí agora meu impulso de registrar de outra forma um pouco desse testemunho. Vale a pena deixar isto por escrito, ainda que neste caso agora eu não me preocupe com exatidões acadêmicas nos registros e esteja trazendo apenas evocações afetivas e marcas da memória.

Na verdade, em inúmeros textos meus já publicados, eu relato e analiso as circunstâncias em que foi se desenvolvendo essa nossa literatura para crianças no Brasil. Como outros autores companheiros de trajeto, em palestras e ensaios examinei a maneira como ela se configurou e foi adquirindo um espaço de destaque em nossa cultura. A ponto de um autor como Marcos Rey (falecido ainda no século passado) colocá-la numa posição de destaque na cultura brasileira, caracterizando essa literatura infantil entre as raras conquistas com direito a ostentar a marca de excelência em nossa contribuição ao mundo, lado a lado com a música popular, a arquitetura e a cirurgia plástica.

Já tratei disso e publiquei essas reflexões em algumas análises ensaísticas, coletâneas de conferências e artigos, examinando as características que levaram esse desenvolvimento a ter se dado com uma qualidade inegável (inicialmente de texto e, mais tarde, de ilustração e projeto gráfico), com essa marca ímpar. E procurei refletir sobre os fatores que levaram a essa situação, buscando me indagar como nossa literatura infantojuvenil aos poucos foi ganhando o mundo e conquistando prêmios significativos e variados — apesar das barreiras da língua e da invisibilidade cultural que acompanha nossa imagem internacional, geralmente muito mais associada às conquistas do corpo, seja no futebol ou nos ritmos musicais. Em outras análises, também publicadas em livros ou em atas de congressos, me debrucei sobre as causas desse fenômeno surpreendente no campo da literatura para crianças e jovens, suas características, sua evolução, as políticas públicas que ajudaram a sustentá-lo ou eventualmente lhe colocaram obstáculos...

Mas me faltava evocar a lembrança pessoal que me marcou, a memória afetiva de tantos diferentes participantes dessa construção comum. Dar também um depoimento sobre a emoção individual que animou essa conquista de tanta gente, em tantas instâncias, num percurso que tive a sorte e o privilégio de viver por dentro e conhecer de perto.

Tenho legitimidade para isso, como participante e como testemunha dessa trajetória. Afinal de contas, nestas tantas décadas de produção literária, tive experiências variadas, vivenciando na pele aspectos muito diversos da cadeia produtora do livro. Conheci vários lados dessa caminhada e, por isso, tenho condições de analisá-la de pontos de vista diferentes e ângulos diversos. Sou autora e tradutora de dezenas de livros — e isso é conhecido e reconhecido. Também vivi o magistério. Como professora de diversas turmas do ensino médio e superior na área de literatura, após lecionar em outras universidades fui a ocupante inaugural da primeira Cátedra de Literatura Infantil criada no Brasil, em 1976, na Pontifícia Universidade Católica do Rio de Janeiro. Por outro lado, como jornalista, exerci a crítica de literatura e teatro para crianças, com coluna semanal na imprensa, tendo durante sete anos escrito sobre o assunto no *Jornal do Brasil*. Concebi e fundei em 1979 a primeira livraria infantil do país, a Malasartes, que dirigi por dezoito anos ao lado de outras sócias que se revezaram e que depois prosseguiram com competência e dedicação no trabalho planejado e implantado por mim e por Maria Eugênia da Silveira. Fui editora por cinco anos, como uma das sócias da Quinteto Editorial. Fiz parte dos mais variados júris literários do setor, tanto em nosso país como no exterior. Fui consultora editorial de outras empresas nessa área, sobre ela dei cursos da Unesco em diferentes países, apresentei trabalhos em inúmeros seminários e congressos nacionais e internacionais.

Sempre que tive oportunidade, tratei de evocar de público meus agradecimentos aos companheiros anônimos nas diferentes etapas dessa jornada de expansão do universo do livro de qualidade para crianças brasileiras — professores, editores, livreiros, pais, bibliotecários, críticos, leitores apaixonados de todas as idades. Mas não custa registrar novamente. Sem eles nada disso teria acontecido, e nós, criadores — escritores, ilustradores, *designers* gráficos — não teríamos conseguido romper as barreiras do isolamento. Nesse sentido, vale a pena evocar algumas das histórias vividas ao longo do caminho. Mostram as dificuldades, as parcerias, a construção, as conquistas, as alegrias. Não podem simplesmente ficar para trás, limitadas a nossa memória e ao esquecimento, quando não estivermos mais por aqui para contar. Ruth tem toda razão ao insistir nisso.

Outra amiga, porém, acrescentou mais um argumento que me parece igualmente respeitável. E acabou de me convencer. Minha também queridíssima Heloísa Buarque de Holanda, companheira de viagem pela vida afora, em longa trajetória desde a universidade, quando me ouviu dizer que eu hesitava em mergulhar nessas lembranças de casos ao longo da carreira, criticou minhas dúvidas, protestando com veemência. Quando me percebeu hesitante, me confessando preocupada em não ficar voltada para o próprio umbigo, foi definitiva ao me incitar a compartilhar essas impressões que me ficaram:

— Deixe disso, Ana. Nosso umbigo é coletivo. Sempre foi. A gente tem mais é que contar o que viveu e lembra. Não fomos as únicas.

Como sempre, Helô tem razão.

Bastou eu começar a rememorar estes episódios e dei a mão à palmatória. Nada disso é só meu.

Em outras palavras, é um pouco como o que nos sublinha o poeta João Cabral de Melo Neto. Um galo sozinho não tece a manhã. Evoco o que vou lembrando, mas sei que há muitas recordações coletivas, de conquistas e vivências comuns.

Cada um de meus colegas escritores e ilustradores tem outros tantos casos muito parecidos a lembrar, e não podemos deixá-los esquecidos, como se não tivesse havido um longo e paciente trabalho de tecelagem, fio a fio, ponto a ponto. Cada miudeza conta. Inclui aparentes bobagens como, por exemplo, Ruth e eu termos insistido para que as fichas bibliográficas do ISBN passassem a incluir nosso ano de nascimento — coisa que só era feita para os autores homens, por uma suposta "delicadeza" de não revelar idade de mulher... Ou termos lutado para que os contratos de edição feitos com escritores que escrevem para crianças passassem a ter condições análogas aos dos autores que escrevem para adultos. Ou termos decidido trabalhar com agentes literários. Tudo isso hoje é corriqueiro, caminhos abertos para quem veio depois. Porém, no começo do percurso, tivemos de travar uma luta árdua para assegurar cada conquista.

Mas também merece ser registrada a grande caminhada do setor de literatura infantojuvenil como um todo. E a trajetória da paulatina construção de políticas públicas de incentivo à leitura e apoio aos livros para crianças.

Não dá para esquecer, por exemplo, o impacto e o efeito de um projeto governamental revolucionário como o "Literatura em Minha Casa". Nem quanto ele reverberou, conforme constatamos em nossas conversas, tantos de nós, quando nos reuníamos em volta de uma mesa de jantar após um dia de trabalho em algum canto quase esquecido deste nosso Brasil profundo, ou quando suspirávamos exaustos, chacoalhando empilhados numa *van* desconfortável em estradas do interior, voltando de algum dos inúmeros eventos onde multiplicamos nossas presenças em prol do fomento da leitura no país.

Como já escrevi e publiquei em outras ocasiões, e tenho repetido pelo mundo afora, além de termos tido um pioneiro genial como Monteiro Lobato, em seu múltiplo papel de autor, editor, tradutor e divulgador apaixonado de livros, formador de gerações de leitores, depois tivemos também um segundo momento importante em nossa consolidação da literatura infantojuvenil de qualidade, a partir do chamado *boom* dos anos 1970 — que, na verdade, veio se tecendo desde o final da década anterior.

Essa etapa — diferentemente do que ocorreu na maioria dos outros países, e por uma série de razões de natureza diversa sobre as quais tenho escrito de modo analítico e detalhado em várias outras oportunidades e não é o caso de repetir agora —caracterizou-se pelo desenvolvimento de uma literatura **autoral.** Ou seja, uma escrita que brotava diretamente dos próprios escritores (eventualmente, também ilustradores, como Ziraldo ou Eva Furnari) e não de encomendas pedagógicas ou planejadas expressamente para atender a coleções e propostas editoriais predeterminadas, como era geralmente a regra dominante no mercado internacional voltado para essa faixa etária. Para falar a verdade, antes de nos lançarmos nessa área, nenhum de nós lidava profissionalmente com crianças, não estávamos envolvidos com a infância de modo direto. Vínhamos de outras profissões e de outros setores da criação (pintura, teatro, jornalismo, caricatura) e não das salas de aula. Isso nos deixava muito à vontade para não pretender dar lições à garotada nas histórias que escrevíamos para os pequenos, como em geral ocorria no restante do mundo — talvez apenas com a notável exceção do Reino Unido e sua vigorosa tradição no setor, já então mais do que secular. Nossos livros brotavam mais de uma necessidade de expressão criadora do que de uma intenção didática. Tinham mais a ver com um impulso estético do que com um plano de aula.

Entre nós, o conjunto desses livros assim criados se constituiu um catálogo de títulos muito variados, de autores originais com suas visões pessoais, cada um com enfoque e linguagem próprios. Aqui tivemos a revelação de vozes individuais poderosas que foram se somando, num movimento de grande vigor e nítida independência diante de eventuais linhas mestras ditadas por encomendas prévias, como era a regra geral internacionalmente. Mesmo porque, de início, nossos grandes editores não tinham mesmo como pressionar muito, pelo próprio fato de, em sua maioria, não serem fortes na área de livros para crianças — e essa carência acabou se revelando uma grande vantagem, pois garantiu muita liberdade aos autores nesse momento, nos dando condições de criar com autonomia e voz própria.

Essa fase — da geração posterior ao interregno vigente nos vinte anos que se seguiram à morte de Monteiro Lobato —irradiou-se e foi capaz de ganhar milhares de leitores em todo o país. Primeiro, conquistando-os a partir de revistas vendidas em bancas de jornais, como foi o caso da *Recreio*, da Abril, de cuja preparação Ruth Rocha e eu participamos a convite de Sonia Robatto desde os números zero em 1969, logo ganhando a adesão de Joel Rufino — e alguns anos mais tarde recebemos o reforço de Sylvia Orthof e Marina Colasanti, entre outros. E mais outros periódicos de vida mais curta, como *Bloquinho*, *Pluft* e *Alegria*.

Paralelamente, também se desenvolvia no Rio a Fundação Nacional do Livro Infantil e Juvenil, a FNLIJ, fundada também em 1969 e animada por especialistas como Laura Sandroni, Ruth Vilela Alves de Souza, Maria Luísa Barbosa de Oliveira, Leny Werneck e Regina Yolanda Werneck. A entidade segue atuante, já agora com mais de meio século de trabalho na promoção do livro de qualidade para crianças e jovens, por meio de atenção crítica, outorga de prêmios, seleção de obras de qualidade a serem destacadas e recomendadas anualmente entre os lançamentos.

Logo depois, nos anos seguintes, o país assistiu à expansão do mercado na área e ao estímulo ao desenvolvimento de um público leitor, a partir da formulação de projetos da iniciativa privada (desde a "Ciranda de Livros", um projeto conjunto da FNLIJ, da Fundação Roberto Marinho e da Hoescht, em 1982) e de políticas públicas de apoio ao livro e à leitura (desde a tímida sugestão inicial da Lei de Diretrizes e Bases de 1972, potencializada por professores entusiasmados em trabalho de formiguinha).

Esse conjunto de programas de incentivo à formação e consolidação de leitores está a demandar um estudo de fôlego, em uma análise ampla e detalhada que compare de modo isento e objetivo as condições de cada projeto — no âmbito federal, estadual ou municipal —, sua duração e permanência, seu alcance, sua transparência, sua eficácia, sua independência frente a pressões de todo tipo. E tanta coisa mais, na construção do que sempre entendemos que deveria ser uma política de Estado e não de governo, capaz de garantir o acesso e a leitura de livros de qualidade a todas as crianças brasileiras.

Contudo, entre todos esses projetos, tão variados, o mencionado "Literatura em Minha Casa" tinha algumas características particulares que quero registrar aqui, em meio a outras recordações pessoais, ao lembrar algumas alegrias muito especiais trazidas por ele. Não vou descrevê-lo em detalhes porque esse não é o tema deste texto de evocações, mas quero destacar algumas de suas qualidades únicas, que fizeram do projeto uma iniciativa extraordinária.

A ideia era garantir que toda criança de escola pública brasileira, ao completar o que era então a quarta série do ensino fundamental, simbolicamente fosse "premiada" com uma espécie de embrião de sua futura e possível biblioteca pessoal. Algo que ficasse como semente ou modelo para a vida toda. Para isso, a criança ganharia de presente uma coleção de cinco livros que fosse dela, isto é, que pudesse levar para casa e guardar num cantinho só seu ou numa prateleira própria. Para estimular trocas e empréstimos entre colegas ou irmãos, garantia-se a variedade: haveria anualmente seis coleções diferentes, o que totalizava trinta títulos diversos, mas equivalentes entre si. A cada ano, o edital (aberto de modo a permitir que qualquer editora do país pudesse concorrer) especificava os gêneros que seriam abarcados naquele período — conto, poesia, novela, teatro, clássico universal, folclore, etc. Podiam ser obras inéditas ou já publicadas, mas eram unificadas em edições especiais para o projeto, cujos formato, dimensões e número máximo de páginas eram especificados no edital. Tais características objetivavam garantir um preço bem baixo para essa compra governamental, que, além disso, também podia ser obtido por meio de uma tiragem elevada, que barateava o custo de produção. Para tanto, as ilustrações deviam ser em preto e branco. Os editores topavam abrir mão de parte de seus ganhos para que isso fosse possível. Os autores e ilustradores concordavam em colaborar: mantinham seu percentual de direitos autorais (assegurando o respeito ao preceito constitucional), mas aceitavam ser remunerados sobre preços ínfimos por exemplar. Para compensar, ganhava-se no volume de vendas. Além das coleções assim distribuídas, para serem levadas para casa, certo número delas era também reservado às bibliotecas e salas de leitura de cada escola.

A par desses cuidados numéricos e dessas coordenadas econômicas, um ponto forte do projeto estava na qualidade dos textos e no processo de seleção desses textos. Entre as coleções submetidas por diferentes editoras concorrendo ao edital, a escolha era feita por uma comissão formada por especialistas de todo o Brasil. Após examinarem os projetos concorrentes, reuniam-se durante alguns dias para discutir critérios e linhas gerais que definiriam suas preferências e escolhas. Ao final, cada um apresentava por escrito as razões de sua decisão, em pareceres que ficavam à disposição para posterior consulta dos interessados, e eram contados como votos, definidores da seleção final. Esse mecanismo garantia transparência e exigia responsabilidade por parte de cada julgador, que deixava sua opinião aberta e sujeita a escrutínio. Além dos textos de literatura que constituíam cada livro da coleção, os volumes individuais também incluíam prefácios dos profissionais encarregados pela editora de organizar cada coleção submetida à seleção. Não era perfeito: ao priorizar o preço baixo, automaticamente eliminava o uso de cores ou de papel de qualidade nas ilustrações. Isso era uma barreira para algumas obras-primas de nossos criadores — basta lembrar que funcionava como um impedimento para um livro precioso como *Flicts*, de Ziraldo, por exemplo, totalmente dependente da beleza de seu projeto gráfico original. Mas foi uma oportunidade rara de valorizar a literatura e atingir um público imenso em uma idade importante para a consolidação de uma ligação positiva com a leitura.

O projeto fazia parte do PNBE, Programa Nacional de Biblioteca da Escola, criado pelo Ministério da Educação em 1997, e que inicialmente distribuíra acervos de boa qualidade a bibliotecas e salas de leitura de escolas públicas. A partir do ano de 2001, sem abandoná-las, ampliou sua abrangência e, ganhando essa marca de "Literatura em Minha Casa", passou a dar ênfase a que os alunos levassem também os livros para o ambiente familiar, com seus sessenta milhões de exemplares anuais atingindo assim quase cinquenta milhões de brasileiros em casa — em iniciativa cujo valor simbólico foi realçado por discurso do então Presidente da República no lançamento desse programa, a sublinhar sua importância, na gestão do Ministro da Educação Paulo Renato Soares.

Esse tipo de edital e de projeto se repetiu por quatro anos, com títulos diversos, constituindo coleções diferentes, em seleções feitas por comitês de profissionais que não eram necessariamente os mesmos de um ano para o outro. Parecia até que ia se converter em política de Estado, mantida mesmo com a mudança do governo Fernando Henrique e do ministro Paulo Renato, já que em 2003 (primeiro ano do governo Lula, gestão Cristovam Buarque) ainda foi lançado o edital para a edição do "Literatura em Minha Casa" do ano seguinte, último desse programa. Mas então foi interrompido na gestão Tarso Genro — "para avaliação", segundo se informou. Nunca mais voltou.

Enquanto o "Literatura em Minha Casa" durou, trouxe uma alegria muito especial aos autores, ilustradores e editores brasileiros desses livros infantojuvenis que faziam parte do projeto — com surpresa e emoção, passamos a viver a inédita experiência de receber cartas de adultos que pela primeira vez tinham contato com um livro. Aliás, mais de um — uma coleção inteira, levada da escola pública para casa, pelas crianças da família.

Essas mensagens que nós, autores, começamos então a receber por vezes eram escritas por filhos e netos, a pedido de mães, pais e avós que não sabiam escrever. Outras vezes, traziam linhas traçadas com capricho pelo adulto, em palavras escolhidas com cuidado e alta carga expressiva, revelando a importância atribuída àquela correspondência. Os remetentes comentavam personagens e situações narradas nos livros, evocavam emoções despertadas por poemas, desabafavam tristezas, contavam casos parecidos com o que liam ou despertados pela leitura, contribuíam com lembranças da própria infância. Além de um precioso *feedback* sobre o contato desses novos leitores com textos literários, essa correspondência esporádica ia traçando um retrato ímpar dessas famílias brasileiras, até então à margem do mercado editorial. Ora era um gato doméstico que se transfigurava em sugestão apresentada para um novo personagem de um futuro livro, ora a goiabeira do quintal vinha se somar a uma mangueira evocada na história lida, ora surgiam comoventes recordações de histórias ouvidas há muito tempo, numa infância anônima em rincões esquecidos do país. Contribuições pessoais variadas se ofereciam generosas e vinham corrigir a versão do autor ou dialogar conosco...

Lembro bem de conversar com colegas escritores, como Ruth Rocha, Pedro Bandeira e Bartolomeu Campos de Queirós, sobre algumas dessas novas interlocuções que nos chegavam, a nos surpreender e emocionar, a revelar um mundo rico e reprimido, ávido da palavra escrita, prenhe de narrativas, opiniões, palpites de todo tipo.

Outros projetos foram e continuam a ser eficazes e a render frutos na promoção da leitura, mas nenhum como o "Literatura em Minha Casa" foi capaz de incorporar idades diversas no âmbito familiar nem de incluir tamanha variedade de cidadãos até então marginalizados do livro ou atingiu dessa forma um Brasil cortado da literatura. Pessoalmente, posso testemunhar que nenhum outro projeto governamental de fomento à leitura me trouxe esse tipo de alegria no contato com leitores adultos, atingidos indiretamente a partir de leituras feitas por crianças, por meio de livros que a nação lhes fez chegar às mãos, coletivamente e durante quatro anos, reconhecendo um direito deles que até então lhes fora negado, a partir de uma atuação eficiente das autoridades responsáveis e da colaboração efetiva de autores, ilustradores e editores que, generosos e solidários, abriram mão de grande parte de seus ganhos para que esse objetivo pudesse ser alcançado na escala em que foi.

Todo leitor sabe a importância que tem em nossa vida esse encontro com um livro que impressiona. Cada um de nós tem lembranças nítidas e fortes de algumas leituras marcantes, que nos revelaram mundos insuspeitados. Guardamos na memória a força surpreendente desses momentos em que personagens até então desconhecidos nos arrebataram em situações que não havíamos imaginado, mas nas quais nos reconhecemos. Ou que, sem que pudéssemos prever, anos depois cintilariam de repente em nossa memória como o eco ou a ressonância de uma distante antevisão de algo discretamente semeado, e que só mais tarde viveríamos ou compreenderíamos de modo pleno. Trata-se de um fenômeno que faz parte da bagagem leitora de cada um. Porém, quem escreve nunca sabe quanto a palavra escrita vai reverberar num leitor, nem pode prever como aquilo que imagina e registra em páginas escritas vai deixar marcas, abrir portas, descortinar mundos novos em outras mentes e corações.

No entanto, de vez em quando, uma centelha ilumina brevemente um testemunho da força com que se dão esses encontros. E eles podem ser especialmente comoventes nos casos em que se fura uma espécie de bloqueio social ou econômico construído por diversos mecanismos, por vezes imperceptíveis muito embora poderosos, que vinham há muito tempo agindo de modo a impedir o contato do cidadão com bons livros, negando-lhe o direito à literatura e privando-o da alegria de ter pleno acesso às oportunidades de descobrir e vivenciar a palavra literária.

Visitando uma biblioteca pública para um encontro com estudantes da Rocinha, a maior favela do Rio, fui surpreendida pela pergunta totalmente inesperada de uma menina esperta, nos seus onze ou doze anos, pré-adolescente de sorriso maroto e olhos brilhantes sob arrumadíssimo cabelo afro. De repente, levantou o braço no meio da turma e disparou a pergunta:

— Você gosta de pera?

Sem atinar muito com a razão da dúvida, que não tinha nada a ver com o livro que eu estava ali para debater com os leitores, confirmei, meio sem jeito. Ela já engatava uma segunda e prosseguia, esclarecendo:

— Eu também. Sabe, eu nunca tinha comido, mas comi ontem pela primeira vez. Achei um gostinho delicioso, que eu nunca pensei que existia, nem desconfiava. E fiquei pensando que foi igualzinho ao que senti com seu livro enquanto ia lendo a história, uma coisa gostosa que eu nem imaginava que podia ser assim.

O inesperado desse comentário — no entanto, tão preciso na descrição da descoberta — ficou comigo para sempre.

A partir da Rocinha, conto outra experiência marcante, de uma coincidência surpreendente. Na saída de uma conferência na Academia Brasileira de Letras (ABL), no centro do Rio, tomei um táxi e mandei ir para o bairro do Jardim Botânico. Antes de dar a direção precisa e o nome da rua, o motorista o mencionou, me olhando pelo retrovisor:

— A senhora ainda mora lá no alto da rua Fulano de Tal?

Meio preocupada, confirmei. Como ele sabia? Mas o taxista, todo sorridente, já dizia que me reconhecera e contava uma história comprida de como se lembrava de mim. Chamava-se Isaías, morava na Rocinha e durante algum tempo tivera uma *van* que fazia serviços de frete.

Quando eu me mudara para esse endereço, anos antes, tinha resolvido me desfazer de uns móveis que não iria aproveitar no novo apartamento. Como costumava ir contar histórias para as crianças de uma creche na Rocinha, decidi doar essa mobília para eles. A coordenadora pediu a um dos pais, que tinha uma caminhonete e prestava serviços de frete, para ir buscar os móveis lá em casa. Foi assim que ele entrou na história.

Acontece que, na ocasião, a filha do Isaías era pequena e frequentava essa creche. Isso o fez prestar atenção em mim, guardar meu nome e passar a se interessar pelos meus livros. Começou a retirá-los da estante em que ficavam guardados na creche, levá-los emprestados para casa e ler também, já que a instituição encorajava as famílias a compartilhar a experiência de leitura. Graças a isso, Isaías sabia quem eu era, como eu escrevia e conhecia perfeitamente várias de minhas histórias. Não só sabia exatamente onde eu morava, como tinha ótima memória, de leitor atento, e fomos até em casa conversando sobre livro e leitura. Grande coincidência.

Falar nisso agora me fez lembrar outra coincidência e papo sobre leituras com um motorista — esse, em Guadalajara, México, em dezembro de 2008. Num dos dias da Feira Internacional do Livro, eu tinha umas horas de folga antes de um compromisso e resolvi aproveitar o longo intervalo para um passeio. Tomei um táxi para ir a um dos municípios dos arredores, todos oferecendo maravilhas de artesanato, mercados populares, oficinas de vidro soprado, cerâmica, têxteis, comidas incríveis. Aquelas maravilhas da pujante cultura popular mexicana.

Mal entrei no carro, na saída do pavilhão da Feira, esse motorista olhou meu crachá, viu meu nome e a identificação de escritora. Iluminou-se num sorriso, pois sabia quem era a passageira. Reconheceu que eu era a autora de *De carta em carta*, que o filho lera e ele acompanhara. Comentou o livro, pediu que eu desse um autógrafo com dedicatória num papel que pretendia colar no livro do filho. Apresentou-se como Ramón, dupla profissão: motorista e leitor. Assim, nesses termos. Muito conversador, uma figuraça. Perguntou se eu já lera *O Código da Vinci*, uma leitura recente que ele havia feito e que desejava comentar com alguém — em detalhes. Falava animadamente, até demais, ao longo da estrada comprida. Discutiu esse livro e suas continuações, do mesmo autor, que também já lera (e eu, não), além de vários outros livros. Disse que se achava muito atrasado em leitura porque tinha muita coisa que ainda não conseguira ler, já que só começara havia alguns anos, por causa de um romance de John Grisham que um passageiro havia esquecido no carro — e ele logo me contou em detalhes, cheios de peripécias jurídicas, batalhas legais e disputas de heranças.

O primeiro livro que lera. Gostou tanto que resolveu ler outros livros, recorrendo a uma das tantas bibliotecas populares que seu país oferece e que sempre me impressionam pela quantidade de gente que as frequenta. Depois de algum tempo, passou a anotar títulos, autores e impressões de leitura, para não esquecer. Fazia questão de numerar cada um num cadernão. Já lera mais de mil. Aproveitava o tempo de espera por passageiros e ficava lendo. Mostrou-me o caderno com as anotações, guardado no porta-luvas. E me deu uma indicação preciosa, de umas ruínas pré-colombianas circulares, descobertas poucos anos antes, que eu deveria visitar e das quais eu nunca ouvira falar — Guachimontones, mais antigas que Tenochtitlán. Contou-me toda a história da descoberta do sítio arqueológico, a uma hora dali, aberto para visitação apenas uns cinco anos antes. E, claro, ele aprendera grande parte do que sabia sobre as culturas autóctones de seu país por meio da leitura de um livro que me recomendou.

Esses leitores populares obsessivos me fascinam.

Provam que nós, escritores, não somos uns loucos que se metem a falar sozinhos, mas que podemos confiar que haverá alguém na outra ponta do que fazemos, avidamente à nossa espera, e que nos completa, nos faz existir plenamente. Só então todo o processo adquire seu sentido social e humano pleno. Confirma-se assim como é essencial que os governos tratem de atender ao direito que todos temos à literatura, sublinhando a injustiça absoluta que consiste em não dar a todos os cidadãos a oportunidade de descobrir sua vocação leitora. E nunca podemos imaginar o que vai causar o clique que liga uma pessoa aos livros, ou o que vai fazê-la descortinar o mundo da literatura diante de si. Daí a obrigação social de multiplicar essas oportunidades sempre.

Um exemplo forte e muito bonito de alguém que dedica a vida aos livros, mesmo "vindo de uma linhagem ágrafa", como ele diz e já deixou registrado por escrito, é o do escritor Rogerio Pereira, fundador do jornal *Rascunho*, e que durante oito anos dirigiu a Biblioteca Pública do Paraná. Conheço vários casos semelhantes. Mas cada vez que encontro um, celebro essa alegria.

Numa escola que visitei em Salvador (BA), impressionada com a qualidade do trabalho das coordenadoras Sheila e Dora, comecei a conversar com elas sobre isso. E Dora foi desfiando sua narrativa pessoal numa história forte, em revelações que davam seguimento a um papo inicial em que já tínhamos trocado impressões sobre alguns de seus autores favoritos — Dostoiévski (que devorara aos quinze anos), Fernando Sabino e Ignácio de Loyola Brandão. Falava dos três com igual paixão e conhecimento detalhado de suas obras.

Nascera e passara a infância na roça, não ia à escola; até os sete anos nem sabia que existiam livros e letras, desconhecia a existência do próprio ato de ler. Até que foi para uma escolinha rural em Irecê, no interior da Bahia. No primeiro dia, a professora mandou copiar do quadro-negro uma linha de letras A minúsculas, manuscritas. Dora achou que eram uns desenhinhos de "caçarolas com os cabos tortos", como me contou. Copiou, endireitando os cabinhos todos. Só aí, muito espantada, ao ser corrigida, ouviu falar em abstrações como letra e leitura. Por outro lado, não era ignorante, mas receptora de uma rica tradição de cultura popular oral. Tinha uma avó analfabeta, bordadeira e exímia rendeira, que tocava bandolim e cantava poemas de Castro Alves, sobretudo modinhas. O repertório incluía "O navio negreiro" inteirinho, musicado sabe-se lá por quem, mas que a menina dominava de cor, de cabo a rabo. Sabia que eram versos de um poeta baiano com esse nome, que os escrevera havia muito tempo. E que os cantadores multiplicavam essas palavras lindas e rimadas, se apresentando pelas feiras do Sertão. Na escola, a pequena Dora estava juntando esses lados. Descobria que havia livros, que ler era um outro aspecto desse processo mágico de escrever, capaz de guardar palavras para alguém cantar. Ficou fascinada com essa ideia, com a constatação de que existiam no mundo esses objetos preciosos chamados livros, que protegiam, preservavam e podiam transportar para muito longe aquelas palavras que ela sabia de cor, de tanto ouvir a avó.

Em seguida, aos dez anos, sua vida tornou a mudar. Foi mandada para um internato, numa escola protestante, onde havia uma biblioteca que lhe parecia imensa. Um paraíso. Aos quinze, quando saiu de lá, tinha lido todos os livros que nela se guardavam, inclusive montes de clássicos. Não conseguiu decorá-los, como de início achou que deveria ser seu objetivo. Mas quis compartilhar esse tesouro como missão de vida e resolveu que iria se dedicar inteiramente a isto: trabalhar com a transmissão desses livros preciosos aos outros. Decidiu ser professora, fazer faculdade e seguir o curso de Letras, confirmando ser leitora voraz e faminta, feliz por ter descoberto sua vocação.

Fico fascinada pelos mecanismos que levam a essas autodescobertas, sejam ou não diretamente por meio da leitura, mas quase sempre com a ajuda dela. E sei que muitas vezes os jovens chegam a elas por meio da atuação de um professor que os desafia e estimula. Em alguns dos livros que escrevi para um público adolescente tento evocar esses momentos. Nessa faixa etária, muitas vezes um grande estímulo é trazido pela ação do grupo de amigos, e isso inclui a indicação de leituras e o compartilhamento de preferências próprias — como abordei em *Uma vontade louca*. Talvez esse seja um de meus livros com mais elementos autobiográficos disfarçados, tanto nas dúvidas dos personagens entre o caminho da fantasia sonhadora de Mariana e o da racionalidade científica de Jorge, quanto pela grande celebração criativa da alegria no banho de mar à fantasia que reúne todos no Carnaval, eco direto dos meus carnavais de sempre, meus e de meus filhos e netos, em animados blocos, vestidos de papel crepom que depois se desmancha nas ondas.

Já contei, em uma conferência, outra história forte que acompanhei de perto: a do Zé, que era garçom num restaurante que funcionava no térreo do mesmo Shopping da Gávea onde ficava minha livraria, a Malasartes. Repito rapidamente, pois acho exemplar.

Um dia eu ia subindo pela escada rolante a caminho da livraria quando ouvi alguém a me chamar pelo nome e vi o Zé lá embaixo, no térreo, me fazendo sinal para eu esperar por ele. Esperei, ele subiu, e em tom de urgência me disse que precisava muito falar comigo e me agradecer. Porque eu era a única que ele conhecia. Antes que eu perguntasse "única o quê?", ele já explicava que queria fazer isso desde que tinha lido o *Livro do eco*. Não atinei com o que ele queria dizer. Nessa ocasião, tínhamos na Malasartes uma coleção de livros infantis de iniciação à ciência — algo como o *Livro do ar*, o *Livro da luz*, o *Livro da água*... Mas eu não me lembrava desse título a que ele se referia, atribuindo-lhe tanta importância. Nem imaginava por que ele deveria me agradecer.

À medida que o rapaz continuava a falar, fui entendendo melhor. Não se tratava de um livro infantil sobre ciência. Ele se referia a um livro do italiano Umberto Eco, *O nome da rosa*, um romance normalmente considerado erudito, dificílimo, cheio de latinismos e medievalismos, a exigir leitores sofisticadíssimos e altamente preparados. Mas acontece que o Zé tinha visto o filme baseado na obra e ficara matutando sobre a história — que se passa num mosteiro da Idade Média, em torno de uma série de assassinatos de monges, ligados a livros secretamente guardados numa biblioteca. Depois de assistir ao filme, ele ficara pensando que, se as pessoas se matavam por causa de livros, é porque certamente eles devem guardar coisas muito preciosas — algo de que ele jamais desconfiara até então. Também quis participar desse segredo. E resolveu ler, para ver se descobria.

Começou pelo livro que dera origem ao filme. Amou *O nome da rosa*, mesmo não entendendo algumas coisas aqui e ali. Não se importou com isso: pulava o que não compreendia e seguia em frente. Não conseguia largar. Contou um detalhe incrível, em que qualquer leitor obsessivo se reconhece imediatamente: confessou que lia em todos os momentos livres, no ônibus, à mesa, na cama... E um dia até levou o livro para o chuveiro, equilibrando-o na prateleira do basculante, prendendo as beiradas das páginas com o vidro do xampu para que o livro não se fechasse, porque não conseguia interromper a leitura. Quando acabou, quis mais. Decidiu então ler outro livro do mesmo autor.

Escolheu um bem fininho, por ser o mais barato que encontrou: *Seis passeios pelos bosques da ficção*. Esse não é romance, mas uma coletânea de ensaios que reúne seis conferências de Umberto Eco na Universidade de Harvard, sobre literatura. E, surpreendentemente, o Zé amou esses textos mais ainda. Ficou fascinado, nunca pensara que escrever e ler sobre livros pudesse ser algo tão interessante, como se estivesse em uma conversa comprida com um amigo legal e inteligente. Queria agradecer aos escritores que têm tanto trabalho para criar essas coisas e ninguém reconhece o valor deles... Daí querer falar comigo, a única escritora que conhecia pessoalmente e estava ali a seu alcance, na qualidade de vizinha no *shopping* e frequentadora do seu local de trabalho.

A essa altura, a dona do restaurante, patroa dele, já nos olhava de cara feia, lá de baixo da escada, estranhando o garçom sair no meio do serviço. Marcamos para nos encontrar mais tarde e continuar o papo, já que ele dizia que precisava conversar comigo mais demorado, sobre uma coisa séria. Nesse encontro posterior, lançou o assunto: queria discutir *paródias* — palavra que só aprendera no livro do Eco (no segundo que leu), mas que entendeu perfeitamente a que se aplicava. O conceito espicaçara sua imaginação de uma forma extremamente fecunda. Estava desenvolvendo mentalmente uma paródia de Chapeuzinho Vermelho, em que a avó é que ia visitar a neta — se não me engano, não lembro bem os detalhes. E durante semanas, o jovem garçom ficou aproveitando os momentos livres no restaurante para discutir literatura comigo e com o saudoso Aluizio Leite, dono da Timbre, a outra livraria do *shopping*.

Em seguida, resolvi dar a ele um livro de outro maravilhoso autor italiano, Italo Calvino: *O barão nas árvores*. Como eu esperava, foi outro deslumbramento — o que não foi surpresa alguma para mim, Calvino é mesmo irresistível. E Aluizio seguiu adiante com o processo, dando ao Zé outro romance para ler, nem lembro qual, acho que um de García Márquez. Passamos a lhe emprestar regularmente diversos títulos, o Zé se tornou um leitor voraz — com necessidades de conversador obsessivo sobre o que lia. E, um dia, resumiu num suspiro:

— Como é que eu antes vivi tanto tempo sem saber que livro era assim?

Também desses tempos iniciais da Malasartes trago outras pequenas alegrias. Uma era quase cotidiana em meu trabalho de aproximar livros e leitores, mas me trouxe boas emoções quando se davam alguns momentos ao mesmo tempo especiais e muito frequentes e comuns. Começavam de modo simples, com alguém que pedia a indicação de um livro para uma criança de determinada idade. Eu costumava responder que elas são muito diferentes entre si e perguntava como era a destinatária desse livro. De acordo com a informação (que vinha aos poucos, caracterizando gostos, temperamento ou preferências do destinatário do livro), eu apresentava algumas sugestões bem escolhidas. Mas o momento mágico surgia daí a alguns dias, quando a pessoa voltava, acompanhada ou não da criança que recebera o presente, e vinha pedir "outro livro do mesmo tipo, porque ela adorou aquele". Nem sei explicar o prazer que eu sentia por ter acertado e saber que, com isso, estava abrindo portas para leituras infinitas, numa sucessão de outros livros "mais ou menos do mesmo tipo" mas cada vez mais diferentes entre si.

Ainda na Malasartes, tenho uma historinha maravilhosa de um leitor em autodescoberta.

Essa eu sei bem em que ano foi, 1981, porque estávamos festejando o centenário da publicação de *Pinóquio*. Mas não lembro o nome desse menino leitor, embora tenha bem viva na memória a imagem de suas feições e seu jeito, sua pele bem escura, seu sorriso irresistível, seu olhar vivo. Vou chamá-lo de Gilson, para facilitar a narrativa. Devia ter uns nove ou dez anos, algo por aí. Morava na Rocinha e fazia parte do bando de crianças que estudavam numa das escolas públicas do bairro e costumavam vir, de uniforme, ler na livraria na saída da aula. Chegavam em grupos de três ou quatro, pegavam livros nas estantes e se sentavam em qualquer lugar — num dos banquinhos ou almofadas, ou mesmo no chão. Ficavam bastante tempo, lendo, rindo, falando alto de vez em quando. Animavam muito o ambiente, mesmo raramente comprando algum livro — na maioria das vezes, algum volume usado do "sebinho", o caixote onde as crianças negociavam seus livros e revistas usados, bem baratinhos. Mas todos sabiam que naquela livraria podiam sempre se chegar e ler à vontade, de graça, sem que ninguém os incomodasse — e aproveitavam.

Na ocasião, eu tinha resolvido celebrar o centenário de *Pinóquio* com um concurso de redação entre os frequentadores da Malasartes. Os concorrentes deveriam escrever uma história que se relacionasse com a original. O prêmio seria um livro à escolha do ganhador, entre qualquer dos que tínhamos à venda. Gilson e sua turma de amigos resolveram concorrer. Antes de mais nada, para garantirem um bom ponto de partida, passaram alguns dias lendo *As aventuras de Pinóquio* — o que era exatamente a ideia inicial por trás do concurso. Chegavam juntos, cada um pegava seu exemplar, se instalavam e liam durante um tempo. No dia seguinte, voltavam e prosseguiam, lendo um pouco mais. Depois sumiram por uns dias.

Quando voltaram, aos poucos foram entregando suas redações, guardadas e lacradas nos envelopes que fornecíamos, selávamos com a etiqueta da livraria e guardávamos numa pasta para depois serem avaliados, sem identificação externa do autor. Voltavam sempre, liam outros livros, perguntavam se havia muitos concorrentes novos. Ou seja: iam acompanhando com curiosidade o desenrolar do concurso.

Depois que acabou o prazo das inscrições e os textos foram encaminhados ao júri (se bem me lembro, formado por uma representante nossa, uma ilustradora e uma professora), os garotos continuavam vindo regularmente e perguntando pelo anúncio do resultado. Queriam saber se podíamos fazer a solenidade numa hora favorável aos horários deles, se ia haver festa, se podiam trazer convidados. Fui percebendo que todos tinham certeza de que o Gilson ia ganhar, porque "a história dele era a mais legal" e ele já tinha escolhido o prêmio, e queria trazer a mãe, e convidar a professora, e não lembro mais o quê...

Torciam por ele sem nem admitir a eventualidade de que outro resultado revelasse alguma redação melhor. E ele recebia os cumprimentos com o ar mais orgulhoso do mundo, de quem não tinha dúvidas sobre a vitória. Fui ficando preocupada. Havia muitos concorrentes. Entre nós, as sócias, resolvemos até ter um prêmio de consolação reservado para ele, uma espécie de menção honrosa de algum tipo, porque ia ser uma decepção muito grande se não ganhasse.

No dia da premiação, veio uma verdadeira caravana da Rocinha em clima de festa, com torcida barulhenta. Ao se revelar o texto ganhador, não deu outra: era a redação do Gilson, por decisão unânime do júri, que nem sabia quem era o autor. Sorridente, ele mal teve tempo de abraçar a mãe e já corria para pegar o prêmio, o livro já escolhido com antecedência — e muito bem escolhido. O vencedor sabia muito bem o que queria e não teve a menor dúvida, nem perdeu um minuto sequer hesitando na escolha. Estava de olho naquela maravilha havia bastante tempo. Era uma edição de luxo de *Tarzan*, em quadrinhos, em capa dura, papel *couché*, a cores, com as deslumbrantes ilustrações de Hal Foster. E saíram todos cantando e rindo, festejando pelo corredor do *shopping*.

Só então fui ler a redação (que ele veio buscar no dia seguinte, todo orgulhoso, e da qual não guardamos cópia). Bem escrita e ainda mais bem concebida. O Gilson imaginava que Pinóquio, sempre fiel à própria natureza de boneco de pau, ao perceber que o nariz lhe cresce quando mente, em vez de ser punido e aprender a lição, passa a aprimorar suas mentiras. Ou seja, usa a imaginação e, com isso, aumenta substancialmente a produção de madeira. De início corta a ponta do nariz e só dói um pouquinho. Depois se acostuma, nem sente mais dor enquanto as mentiras se ramificam e ele vende os galhos que lhe saem do nariz, para fazer lenha e ajudar Gepetto. Em seguida, vai mentindo cada vez melhor em histórias mirabolantes e cheias de peripécias fantásticas (que a redação do Gilson resumia). Sucessivamente, expande os negócios: monta uma serraria, uma fábrica de caixotes, uma marcenaria, uma loja de móveis, uma construtora... Passa a viver das mentiras que conta, da ficção que cria, daquilo que imagina. A sobreviver do fruto de sua criação. Enfim, realiza o sonho de todo artista. Capaz de ajudar Gepetto na velhice, melhorar a vida dos vizinhos, trazer desenvolvimento à favela em que vivia — claramente moldada na Rocinha, com vista para o mar e vizinha à mata.

Num concurso em que a maioria das redações era moralista, sobre a importância de não mentir, muitas delas cheias de ameaças de castigo para quem não diz a verdade, Gilson criara e desenvolvera uma metáfora da própria literatura, com histórias que usam a fantasia para assegurar a sobrevivência. Por isso, todos os amigos torciam por ele, de certo modo o reconhecendo como seu porta-voz, o poeta da comunidade.

Para nós, na Malasartes, foi uma alegria enorme ter-lhe dado a oportunidade de descobrir isso. E termos colaborado para dar uma nova vida ao clássico de Carlo Collodi em seu centenário, desta vez saindo da Itália do século XIX e atravessando o Atlântico para se encarnar numa cidade tropical e ensolarada, em que também é duro lutar pela sobrevivência e onde a infância continua sendo ameaçada por espertalhões, exploradores e bandidos à espreita.

Essa marca da literatura como ponte entre humanos (ou mesmo humanos e bonecos de madeira) é poderosa. Nunca é demais lembrar esse aspecto ou colaborar para mantê-lo vivo. Os clássicos nos trazem intensamente essa permanência. Gostei de celebrar Pinóquio na Malasartes. Da mesma forma, me alegro muito em ter aproximado outros leitores de outros clássicos. Por exemplo, minha semixará Ana Paula.

Essa eu acompanhei desde pequena. Filha de um jardineiro e de uma diarista que trabalhou para mim e de quem fiquei amiga para sempre, a menina sempre leu muito. Não só eu lhe dava um exemplar de todo livro meu que saía, como também, à medida que ela crescia, lhe enviava livros variados de outros autores, com regularidade. De vez em quando, juntava alguns títulos e entregava à mãe para que levasse para ela. E a pequena nunca deixou de telefonar ou escrever, agradecendo e comentando a leitura. Um dia, com a Ana já na adolescência, um desses bilhetes trazia um pedido. Dizia que tinha gostado tanto de um livro (o melhor que já lera na vida, garantia...) que queria ler tudo mais do mesmo autor que eu pudesse mandar ou emprestar. Como eu tinha enviado uma pilha variada, já fazia algum tempo, e não lembrava mais que títulos eram, quis conferir e pedi para ela me refrescar a memória. Então ela me telefonou e me surpreendeu. Tratava-se de *Senhora*, de José de Alencar.

Meu espanto não tinha tamanho. Um autor do século dezenove? Com aquela linguagem tão distante e meio empolada? Quis saber mais, ouvir as razões da paixão pelo livro. E Ana Paula foi me falando, toda empolgada. Antes de mais nada, a personagem. A adolescente de mais de um século depois se encantara com a força e a independência de Aurelia, seu exemplo de enfrentamento de um mundo masculino hostil. Também adorara viver por um tempo no Rio de Janeiro de antigamente, andar por aquelas ruas e bairros, frequentar aqueles lugares que as páginas do livro traziam a sua imaginação. No entanto, sobretudo, o que mais a fascinara tinha sido a linguagem do autor, aquelas palavras antigas e aquele jeito de falar que era diferente mas em que ao mesmo tempo ela reconhecia sua própria língua, algo que ela conseguia entender em meio ao estranhamento:

— Me senti tão importante compreendendo aquele jeito de falar... — foi seu comentário. — Quero mais livros assim, nessa linguagem importante.

Estava pronta para conhecer Capitu e todo o mundo de Machado de Assis. E, mais uma vez, essa adolescente carioca me dava a oportunidade de confirmar a sabedoria de Italo Calvino quando nos assevera que um clássico nunca acaba o que tem a nos dizer, persiste sempre como rumor em plena atualidade, não nos deixa indiferentes quando é apropriado pelo leitor, nos define em relação a ele. E sempre se revela novo, inédito e inesperado quando é lido de fato.

Tenho plena convicção do direito que todos temos a experiências desse tipo. Até já escrevi um livro inteiro defendendo esse ponto de vista: *Como e por que ler os clássicos universais desde cedo*. Esses exemplos que relatei, do Zé, do Gilson, da Ana Paula, e tantos outros, só confirmaram essa minha certeza.

Até por isso também escolhi reforçar com intensidade revisitas a outras obras que amo, nas duas vezes em que fui convidada pela Universidade de Barcelona a ministrar algumas semanas de seminário virtual para seus alunos do mestrado, em torno à análise de algum título infantojuvenil.

Meus escolhidos foram *Peter Pan* em 2012 e *A ilha do tesouro* em 2016. Alguns dos livros cuja leitura me marcou na infância ou adolescência, e cuja releitura continuou me encantando pelos anos afora. Em ambos os casos, o debate com os alunos foi enriquecedor. É sempre uma felicidade renovada essa constatação de que os livros — clássicos ou não — vão atravessando fronteiras geográficas ou temporais e se enriquecendo com as novas leituras, que lhes acrescentam insuspeitadas camadas de sentido e lhes insuflam nova vida. Talvez por isso eu sempre tenha gostado tanto de fazer meus escritos dialogarem com o rico repertório da literatura universal e me alegre tanto quando os leitores recebem bem essa atitude, acolhendo com entusiasmo esse legado revisitado. Não apenas no já citado *História meio ao contrário* lá no começo de minha carreira, mas em livros bem mais recentes como *De noite no bosque* ou *Procura-se lobo*.

Entre 1980 e 1981, quando eu escrevi *Era uma vez um tirano*, estava pensando nas ditaduras latino-americanas, pesadelo de nosso continente naquele momento de nossa história. Estávamos no governo do general Figueiredo. Após uma longa campanha popular, a anistia tinha sido uma conquista recente e assinalava que a tal abertura lenta e gradual de que falavam certos setores estava mesmo se desenrolando, ainda que vagarosíssima e tímida.

Começávamos, no país, a fazer campanha pelas eleições diretas. Ruth Rocha já publicara sua tetralogia de livros infantis sobre monarcas autoritários, iniciada com *O reizinho mandão*. Eu já mostrara, em *História meio ao contrário*, outro rei sem qualquer empatia e indiferente às reais necessidades do povo. Então, quando quis falar em um ditador que censurava e proibia a livre expressão, impedia qualquer reunião, ameaçava o meio ambiente e perseguia a cultura em geral, achei que nesse momento já poderia tentar chamá-lo claramente de tirano e tentar driblar as eventuais proibições. Era uma experiência. O livro saiu sem problemas, foi lido, compreendido e apreciado pelo público, começou sua carreira de sucesso. Mas eu imaginava que seria quase datado. Um livro de ocasião. Uma história para aquele país, naquele momento.

Puro engano. Fiquei um tanto surpresa quando, alguns anos depois, uma editora suíça o descobriu a partir de um exemplar na Biblioteca Internacional de Munique e propôs editá-lo em alemão.

Mas reconheci que o interesse por uma história de resistência a regimes autoritários era compreensível e fazia sentido naquele idioma. Posteriormente, pude constatar esse fato em diferentes ocasiões, ao visitar escolas e bibliotecas na Alemanha e conversar com pequenos leitores atentos a minúcias — num país que vivera a terrível experiência da guerra e da ditadura nazista. Mais que isso, em 2002 tive a emoção de assistir a uma bela leitura dramatizada desse meu texto pela Berliner Ensemble, com todas as lembranças vivas de seu fundador Bertold Brecht, no próprio palco de sua sede em Berlim, pelo seu elenco de alta qualidade profissional. Para mim, essa montagem foi um belo presente da vida, ao mesmo tempo que me confirmava a permanência do interesse dessa sociedade por uma reflexão sobre essa situação de embate entre repressão e necessidade de resistência.

O que eu não poderia imaginar era como essa tradução em alemão iria se irradiar. Foi a partir dela, e não das versões em outras línguas incluindo o português, que bem mais tarde o livro chegou ao outro lado do mundo para ser traduzido na Coreia do Sul, permitindo que pequenos sul-coreanos, vizinhos de uma ditadura terrível, também pudessem ler minha história na Ásia. Igualmente partindo da edição suíça, a obra posteriormente ainda ganhou uma edição em árabe — e, dessa forma, o livro acabou sendo distribuído entre crianças sírias desalojadas pela guerra, vivendo em acampamentos de refugiados, já neste século. Além disso, nos últimos anos, no Brasil, teve ótimas e diferentes adaptações para os palcos, lindas e criativas, montadas por companhias diversas em várias cidades, com sucesso e ganhando prêmios. Por um lado, é tristíssimo constatar que continuamos precisando alertar crianças sobre os perigos de ditaduras em tantas partes do mundo. Por outro, pelo menos os livros podem ajudá-las a abrir os olhos. Mesmo se estão vindo de longe e foram escritos originalmente em outra língua.

Quando o livro faz a festa

Oh! Bendito o que semeia
Livros... livros à mão cheia...
E manda o povo pensar!
O livro caindo n'alma
É germe — *que faz a palma,*
É chuva — *que faz o mar.*
CASTRO ALVES
"O livro e a América"

Pode até parecer que estou me repetindo. Mas sempre acho admirável essa capacidade quase mágica que a literatura tem de estabelecer pontes entre as pessoas, ao aproximar seres humanos que moram em ambientes diferentes e vivem experiências diferentes entre si. É sempre uma alegria especial confirmar como isso acontece.

Muitas vezes os escritores temos oportunidade de verificar esse fenômeno em grandes eventos, como feiras de livros e festas literárias. Algumas imensas, multiplicadoras, já celebradas em prosa e verso por tanta gente, como a charmosa Flip (Festa Literária Internacional de Paraty), criada pelo sonho da editora inglesa Liz Calder e encampada pela comunidade, com uma agenda cada vez mais contestadora. Ou o Salão do Livro Infantil da FNLIJ, que se repete no Rio desde 1999, na medida exata da criança, onde a garotada curte e aproveita o encontro com livros e escritores num clima festivo e com segurança. Ou as sempre celebradas Jornadas Literárias de Passo Fundo (RS), um marco e modelo para todo o país, fruto do sonho e da capacidade empreendedora da professora Tania Rosing, da universidade local, iniciativa modelar que acompanhei desde o início. Entretanto, mesmo quando se realizava numa quadra esportiva coberta, num ginásio, e ainda não passara a abrigar dez mil pessoas em uma imensa tenda de circo, já reunia estudantes vindos de ônibus a partir de todos os municípios vizinhos e pressupunha um trabalho prévio de meses, com leitores de todas as idades, envolvendo imensa quantidade de escolas da região, num inacreditável crescimento de encontros com livros em escala incomparável.

Não dá nem para contar as tantas alegrias que já tive a partir de encontros com leitores anônimos que se chegam e falam com a gente nesse tipo de ambiente. Evoco alguns deles. Um pai que ainda sabia de cor trechos de *O menino Pedro e seu boi voador*, que lera em criança e o encantara por então se descobrir menos sozinho, constatando que não era o único menino a ter um amigo imaginário. A avó que trazia os netos para me conhecer e contava que era jovem professora recém-formada numa escola, quando eu visitara seus alunos havia anos. A menina pequena que ainda não aprendera a ler mas sabia um livro meu inteirinho de cor, de tanto que pedia que lhe contassem *A velhinha maluquete*, e virava a página no ponto certo em que termina o texto ali escrito. A mãe que me conhecera quando tinha dois anos por eu ter visitado a creche onde ela estava e agora me trazia o livro autografado e datado naquele dia remoto para que eu o rededicasse a seu filho de cinco. As professoras que chegam risonhas, em bando, trazendo cartas e trabalhos dos alunos de Belfort Roxo, flores de Niterói, bonecos de personagens meus de Rio das Ostras ou Cachoeiras de Macacu, todos municípios da região metropolitana do Rio. Entre elas, por exemplo, um coletivo divertido que desenvolve um trabalho de contação de histórias na Baixada Fluminense, sobretudo em Vilar do Teles e em São João do Meriti. Volta e meia me aparecem nessas feiras ou em palestras no Rio, em um grupo barulhento, vestindo camisetas iguais, lindas, feitas artesanalmente e enfeitadas com bordados, fitas, fuxicos, apliques e pinturas na frente, sempre incluindo nas costas meu nome e o do grupo, "Tecelãs de histórias". Todos esses leitores abençoados me alimentam com seu carinho e fidelidade. Presentes da vida. É impossível falar em todos, mas não dá para deixar de registrar alguns deles.

Em 2004, em Vitória da Conquista (BA), num encontro com seiscentos professores do sudoeste da Bahia e do norte de Minas Gerais, em uma quadra esportiva de péssima acústica, cimentada e aberta nas laterais, eu fazia minha palestra no palco, certa de que as pessoas mal conseguiriam me ouvir ou distinguir o que eu dizia, em meio à ensurdecedora cacofonia ambiente. De repente, ao citar o início da "Canção do exílio", de Gonçalves Dias, percebi que a plateia me acompanhava timidamente, num crescendo em voz alta, naqueles dois versos inaugurais. Surpresa, resolvi seguir adiante com o poema que sei de cor. Fui em frente até o fim, acompanhada por aquele coro inesperado que se formara e aumentava, cada vez mais forte, a dizer os versos comigo, assegurando aos quatro ventos que "Minha terra tem palmeiras / onde canta o sabiá / As aves que aqui gorjeiam / não gorjeiam como lá". Como numa oração, dissemos o poema inteirinho, até o fim, num coral arrepiante e inesperado. E ao final do encontro, na sessão de autógrafos, nesse mesmo dia, ainda recebi um presente raro de um professor num breve diálogo iniciado nestes termos:

— Sabe o que eu gosto muito nos seus livros? A leitura rápida e a vida longa...

Depois dessa expressão meio enigmática, explicou melhor. Disse que os alunos leem meus livros depressa, sem esforço, querendo saber o que vem depois. Entendem logo um monte de coisas e curtem muito. Mais tarde, no restante do curso, volta e meia se lembram do que leram e vão descobrindo mais sentidos. Uma leitura que é um bom investimento e rende muito, é o que ele garantia.

Encontros desse tipo dão muita alegria, renovando a esperança no poder da literatura, a fé na revelação de vocações leitoras sempre, dessa forma fecunda. Individuais e esporádicas mas irreprimíveis.

Numa dessas feiras, uma mulher madura chegou sozinha, confiante, com um exemplar de *A audácia dessa mulher* para eu autografar. Confessou que nunca tinha lido nada meu para adultos, esse romance ia ser o primeiro. Mas contou que alguns anos antes, quando seu filho estava lendo *Isso ninguém me tira*, ela pegara o livro para ler e não conseguiu largar enquanto não acabou. Surpreendeu-me citando um parágrafo inteiro de um dos capítulos finais, parecia-me que integralmente, em que digo que

> *Quando o pé da gente vai crescendo e o sapato começa a apertar, no começo só um pouquinho, depois mais, vai fazendo uma bolha, a gente põe esparadrapo, mas sabe que vai ter uma hora em que aquilo não resolve mais. E não dá para cortar o pé, voltar ao tamanho de antes. Tem que descolar um sapato novo.*

Revelou-me, a seguir, que foi o que ela fez na ocasião da leitura. Disse que quando leu isso, a ficha caiu. Constatou que era isso o que precisava ouvir naquele momento da vida. Achou que era hora de tirar o sapato, mesmo que fosse para seguir andando descalça. Mudou de emprego, saiu de um casamento no qual estava infeliz, voltou para a faculdade. Agora, radiante, formada, trabalhando como professora, compartilhava comigo o *insight* pelo qual agradecia e vinha buscar um autógrafo em um novo livro para nova leitura.

Em outra feira, na Suíça, um homem trouxe o filho que estava aprendendo a ler em português com livros meus, enviados do Brasil pela avó. E contou que tinha sido muito marcado pela leitura de *Raul da ferrugem azul* ainda na infância, lembrança que sempre ficou com ele, como uma espécie de estímulo e modelo para enfrentar situações difíceis, das quais me relatou a mais recente, muito emocionante e intensa.

No Salon du Livre de Paris, em 2018, eu estava lançando a edição francesa de *Um mapa todo seu*. Surgiu uma senhora francesa desconhecida, de cabeça branca, que comprou o livro e me deu para autografar. Enquanto isso, tirava de uma sacola meus outros dois romances já publicados na França, *Aos quatro ventos* e *O mar nunca transborda*, que também me passou para que eu lhe dedicasse. Perguntou se eu tenho mais alguma coisa publicada em francês e disse que sou sua escritora favorita. Quando, por puro acaso, leu meu primeiro romance, gostou muito. Saiu procurando outros, achou mais um, confirmou a impressão. Agora vira no jornal que eu estava lançando um terceiro, tomou um trem na cidade em que morava e veio pegar os três autógrafos. Aliás, quatro, porque ia dar um exemplar a uma amiga. E me deixou, com a sensação de que eu estava ganhando um presente de uma estranha. Ou sendo abençoada.

Numa Bienal de São Paulo, em 1992, Ruth Rocha e eu estávamos autografando nossos livros num sábado quando de repente se aproximou um bando de adolescentes, rindo e falando alto, com listas verde e amarelas pintadas no rosto, vestindo camisetas iguais com *slogans* de protesto contra a corrupção do então presidente Collor. Nenhum de nós ainda sabia disso, mas eles faziam parte do nascente movimento que entraria para a história do Brasil com o nome de "caras-pintadas". Mas o que já sabíamos era que estavam protestando contra a impunidade e convocando todo mundo para uma grande manifestação no dia seguinte, parte da grande onda que tomaria conta do país e abreviaria o mandato presidencial. Lindos, sorridentes e brincalhões, chegaram barulhentos e nos cercaram. Demos os parabéns pelo que estavam fazendo, elogiamos seu entusiasmo festivo. Uma das meninas disse:

— Vocês é que estão de parabéns. Nós aprendemos com vocês.

Um garoto confirmou e completou:

— É, a culpa é de vocês. Dos seus livros. Quem mandou escrever essas coisas?

E começaram todos a falar ao mesmo tempo, dizendo que eram nossos leitores e fãs, tinham lidos nossos livros, aprendido a reclamar e a não ficar calados. Lembravam de diferentes títulos, meus e da Ruth, numa ladainha:

— *O reizinho mandão...*

— *Era uma vez um tirano...*

— *Uma história de rabos presos...*

— *O rei que não sabia de nada...*

— *O que os olhos não veem...*

— *De olho nas penas...*

Foi emocionante mesmo. Ruth e eu jamais esquecemos da cena, do ar brincalhão e do entusiasmo deles a nos provocar para sairmos em manifestação pelo corredor, numa espécie de desafio. Volta e meia a recordamos, a confirmar que tudo valeu a pena, de verdade. Encontros como esses, com quem nos leu e nos entende, são os mais doces e significativos prêmios para quem escreve.

Para mim, também foi sempre comovedor acompanhar o crescimento da Flupp, Festa Literária das UPPs (hoje, das Periferias) do Rio de Janeiro, uma admirável iniciativa de Julio Ludemir e do saudoso Ecio Salles, da qual me sinto parceira e meio madrinha. É que pude dar um apoio concreto a seus passos iniciais desde a primeira edição do evento, porque eu estava na presidência da Academia Brasileira de Letras e, devido a isso, tive condições concretas de construir uma parceria preciosa num momento especialmente útil — o do pontapé inicial que marcaria a concretização de um projeto de tanto sucesso que vem revelando autores e multiplicando leitores. E pude ter a alegria de participar da colheita desses frutos. Nunca vou me esquecer da noite do lançamento em 2012, no Morro dos Prazeres, da satisfação que tive ao ver e ouvir os participantes de seu laboratório da escrita discutindo poesia na maior animação, numa plateia que reunia moradores de diversas comunidades (como o Complexo da Maré, o do Alemão, da Cidade de Deus, da Rocinha...) lado a lado com policiais dos batalhões da PM das Unidades de Polícia Pacificadora que atuavam nesses lugares. Todos interessadíssimos, a debater os mais variados assuntos que iam surgindo na plateia. Como os ideais da cavalaria entre os Cavaleiros da Távola Redonda (tema levantado pelo Capitão Odilon, que fazia questão de manifestar sua admiração por Sir Galaad em sua busca de pureza). Ou a inesperada e calorosa discussão que tentava determinar se num poema o mais importante são as procuras formais ou as intenções militantes — ou seja, se a *poiesis* deve obrigatoriamente dominar a práxis, como um dos moradores do Complexo do Alemão formulou... E eu atônita, de queixo caído, rapidamente tendo de deixar para trás um monte de ideias prévias das quais me arrependia, sem acreditar naquilo a que estava assistindo, por mais que fizesse fé no potencial do trabalho de Julio e Ecio. Momentos mágicos.

Em outra edição da Flupp, no Complexo do Fallet-Fogueteiro, entre as luzes do casario que se acendiam pela encosta do morro à medida que a noite chegava, depois da emoção de ouvir os moradores que recentemente haviam revelado a si mesmos que eram capazes de escrever contos, tive a oportunidade de viver a imorredoura curtição de acompanhar João Ubaldo Ribeiro e Ariano Suassuna em sua descoberta do que podia ser uma batalha do passinho. Foi uma grande alegria, compartilhada com dois amigos que já se foram e eram dois grandes artistas, privilegiados intérpretes da alma brasileira. Momentos inesquecíveis, especialmente preciosos agora que eles não estão mais conosco. E na manhã seguinte, lá mesmo no bairro onde nasci, pude me deliciar com a criançada dramatizando meu enredo e explorando as raízes africanas que trago à baila em *Do outro lado tem segredos*, todos brincando coletivamente entre capoeira, congo e jongo, e seus ritmos tão distintos. Ou depois, nas comunidades do Pavão e Pavãozinho, em outro morro carioca, na vizinhança de onde morei por muitos anos e onde meu filho foi à primeira escola — toda uma geografia pessoal minha revisitada. Ou na singela inauguração de uma biblioteca infantil que ajudei a criar, na Casa Amarela do Morro da Providência (onde nasceu Machado de Assis). Também, no Complexo do Alemão em 2013, fiquei muito contente em poder ser útil durante minha presidência na Academia Brasileira de Letras, fazendo uma parceria que ajudou a provocar uma reflexão crítica e fecunda sobre as condições da moradia popular ou da educação pública, a partir das leituras de *O cortiço* e *O Ateneu* em quadrinhos, e de uma exposição da ABL no local, sobre Aluísio Azevedo e Raul Pompeia — autores que tinham sido membros da Academia e que tinham datas biográficas redondas sendo comemoradas naquele ano.

Também as cidades menores organizam festas literárias que são uma lindeza e ficam para sempre na lembrança. Entre dezenas delas, destaco algumas na memória.

A Felit, de São João del-Rei, e a Fliaraxá, por exemplo, ambas em Minas Gerais, ocupam um lugar de realce com suas curadorias atentas, responsáveis pelo alto nível dos convidados para as mesas-redondas, com uma variedade de debates muito interessantes e uma profundidade de reflexão raramente vista em eventos do gênero. E como são apenas a ponta mais visível de um trabalho prévio com a população local e adjacências, acabam se constituindo focos que irradiam a valorização da literatura e o estímulo à leitura para muito além da sala onde ocorre a mesa-redonda ou dos dias em que se celebra o encontro. Têm uma ação multiplicadora que se espalha além dos limites daquele cenário imediato — como pude constatar na alegria de encontrar em Araxá e em Foz do Iguaçu (PR) com leitores que vinham de longe só para conversarmos ao vivo.

Com características semelhantes e em situações geográficas completamente distintas, trago lembranças poderosas da Flima, a Festa Literária da Mantiqueira, em Santo Antonio do Pinhal, na serra paulista, quase em Minas Gerais. Lá, além de intensos encontros com crianças e jovens, o fato de eu ter escrito livros como o infantil *Ponto a ponto* e o de ensaios *Texturas* acabou me propiciando uma descoberta comovente. Já quase na hora de partir, enquanto o motorista me esperava preocupado porque tínhamos de descer a serra e eu tinha um horário a cumprir para pegar o voo de volta no aeroporto de São Paulo, me vi submergida e deslumbrada por mais de cem bordados que uma senhora (Vanderleia Barboza, de uma cidade vizinha, São Bento do Sapucaí) me trouxe e eu "folheava" encantada. Assim fiquei conhecendo um trabalho fantástico de mulheres da região, associando leitura e bordados e revisitando a obra de Eugênia Sereno, escritora local e ganhadora de prêmios significativos na década de 1960. A Flica, de Cachoeira, no Recôncavo Baiano, a que fui mais de uma vez, é outra iniciativa forte, inserida em um quadro regional de tremendo vigor cultural — e onde pude assistir a uma marujada linda que me levou de volta a memórias de minha infância quando ouvi cantar em folguedo semelhante uma versão capixaba de "A nau catarineta" — que já me servira de ponto de partida para um dos recontos que reuni no livro *Sete mares*.

Todas essas festas literárias atestam a fome de leitura e de expressão cultural viva que viceja pelo interior do Brasil. Por isso nos alimentam tanto. A de Foz do Iguaçu, por exemplo (pelo menos em 2017, no ano em que me homenagearam e me levaram lá), podia dar uma lição a tantas outras mais famosas: tinha o firme propósito de valorizar livros de literatura e não apenas os produtos do *marketing* do momento. Os organizadores faziam questão de frisar que tinham me convidado justamente por meu trabalho nessa linha. Um reconhecimento desses aquece a alma e vale por um prêmio.

Outra participação que mexeu muito comigo foi na Feira Literária de Quissamã, no interior do estado do Rio de Janeiro, em que as representações teatrais de minhas histórias, por adolescentes, me encheram de emoção — principalmente a de *Ponto de vista*, um livro que eles leram em profundidade, captando perfeitamente o sentido de celebração da amizade que o fez nascer.

Ainda nessa mesma homenagem que me fizeram em Quissamã, não posso deixar de lembrar como os alunos pequenos da Escola Municipal Felizarda Maria Conceição Azevedo, do Quilombo Machadinha, me comoveram de modo indescritível, mesclando a adaptação teatral de minha *Menina bonita* com um poderoso jongo. Ao ver aquelas crianças pequeninas naquele cenário, cantando e dançando com alegria ao som do caxambu e demais grandes tambores, lembrei de meus tempos de jornalista, quando entrevistei a Vó Maria Joana, na Serrinha, para o *Jornal do Brasil*. Desse encontro, tantos anos antes, eu trouxera muito forte a lembrança da emoção da velha matriarca, com os olhos marejados, aflita pelo medo de que o jongo morresse com ela, já então com mais de noventa anos. Foi quase uma oração, uns quarenta anos depois, eu poder constatar que ela se enganara e, graças à sensibilidade e competência de tanta gente e a um leve empurrãozinho do que escrevi, a cultura ancestral estava viva e forte nos tambores que batiam ali, com a força indestrutível da raiz africana pulsante nos corações de todos.

Em matéria de feiras de livros em cidades pequenas, não posso deixar de mencionar também a Flim, Festa Literária de Santa Maria Madalena, um lugar lindinho na região serrana do Rio de Janeiro. Muito especial. Para começar, todo mundo tinha lido meus livros. Durante meses, a partir deles, crianças e adultos discutiram enredos e personagens, pesquisaram temas correlatos ao que abordei — como Cronos e a mitologia grega a que aludo em *Canteiros de Saturno*, ou as cartas falsas de Artur Bernardes que menciono em *Infâmia*, coisas que já vinham sendo tema de conversas havia meses, pelos grupos de leitura na cidade. E quando chegou o fim de semana da festa, as fachadas das casas e as vitrines das lojas estavam decoradas com alusões a meus livros. Nas calçadas, diante delas, havia mesinhas onde crianças faziam atividades relacionadas com as histórias. Alguns moradores andavam pela rua vestidos como meus personagens — fui caminhando e encontrando a Velhinha maluquete, Bisa Bia, a Menina bonita... O dentista e o médico do local me pararam na rua para me cumprimentar, emergindo de dentro de um bar, e começaram a conversar comigo sobre um de meus romances. Os taxistas me conheciam. Nos restaurantes, os cardápios tinham pratos com nomes em homenagem a minhas obras — tipo "Pastel Aos Quatro Ventos". Na praça, cada creche ou escola da região exibia trabalhos dos alunos, feitos a partir das minhas histórias, que estavam também sendo contadas em uma tenda. Outra grande tenda, fazendo as vezes de livraria, tinha à venda a mais completa coleção de títulos meus variados que já vi em eventos do gênero. Além de tudo isso, na Câmara Municipal, me reuni de manhã com crianças e à noite com adultos que haviam lido meus livros e havia quatro meses os discutiam em clubes de leitura. Mais tarde, adolescentes me cercaram para conversar sobre amores impossíveis a partir de leituras de minhas novelas juvenis e de uma dramatização que fizeram de meu O *elfo e a sereia*.

Estranhei que uma cidade pequena tivesse tantas turmas escolares, e então me explicaram que iam além dos limites do lugar e incorporavam alunos das escolas rurais das redondezas. Enfim, era uma festa completa e carinhosa, de acolhimento em torno ao que escrevi, numa celebração comunitária, empolgante e variada, toda feita por voluntários, num mutirão dos moradores. Com direito a retreta, com música da ótima Banda Euterpe, que existe há cento e vinte anos e agora incluía uma garota baterista entre seus dez jovens músicos. Inesquecível. Dá muito alento constatar como há gente entusiasmada com a literatura, que organiza e estimula esse tipo de atividade pelo Brasil adentro.

Em termos coletivos, só vi coisa comparável em Ballobar, na Espanha, em 2005. Mas nesse caso se tratava de uma iniciativa reconhecida, que ficou internacionalmente famosa entre profissionais de nossa área do livro infantil, ainda que pouco divulgada fora dela. Tão única que merece ser descrita com um certo vagar, pois ninguém de fora conhece nem imagina o que possa ser.

Ballobar é um *pueblo* com menos de mil moradores, a vinte quilômetros de Fraga (que tem treze mil habitantes e era onde ficava o hotel em que me hospedei), na província de Huesca, em Aragão. O trem chega e parte de Lérida, a estação mais próxima, na fronteira com a Catalunha. Depois disso, é um percurso de automóvel por uma paisagem rural bela e agreste, por entre pomares, até Ballobar — que tem uma única escola, bem equipada, com excelente biblioteca e ótimo ginásio.

Ao chegar, descobri que quase toda a população (alunos, pais e professores) lera meus livros, dezenas deles, numa variedade incrível — todos os títulos que encontraram na Espanha. A escola estava toda decorada com meus personagens. E a rua, com cartazes e galhardetes reproduzindo as ilustrações de *Currupaco Papaco*. Em todo canto, proliferavam imagens de personagens de minhas histórias, numa multiplicação de unicórnios, centopeias, monstros, bois voadores, o porquinho Camilão — desde os broches que crianças e mães fizeram às paredes e às pastas na escola.

As turmas de alunos mais velhos montaram um ótimo teatro de sombras para os menores assistirem a partir de meu *Domador de monstros*. Passei a tarde visitando classes e conversando com todos eles. Até os pequeninos do maternal, de dois anos, estavam envolvidos com meus livros, personagens e histórias — e havia um mês marcavam os dias que faltavam para minha visita, como num calendário do advento.

Especialmente emocionante nesse projeto era a evidente participação coletiva de toda uma comunidade. Todos conheciam as histórias e eram íntimos dos personagens. Faziam perguntas pertinentes. Desenharam variantes do Boi Voador para o personagem do Menino Pedro, num inusitado e rico diálogo entre a poderosa presença taurina na cultura espanhola e os bumba meu boi maranhenses que deram origem à minha história. Construíram variadas pontes maravilhosas para os “irmãos” (que, na tradução em espanhol, viraram “germanos”, como me contam rindo), ecoando *A maravilhosa ponte do meu Irmão*. Trouxeram meias descombinadas para os cem pés da centopeia Doroteia desenhada na parede. Tudo virava uma grande festa divertidíssima.

Mas não era só isso. Paralelamente, aproveitando o pretexto da festa a atrair convidados, desenrolava-se no ginásio da escola um evento de alto nível acadêmico voltado aos adultos, no âmbito do qual eu tinha sido convidada a fazer uma palestra — as IV Jornadas Aragonesas de Bibliotecários. Tinha excelente participação de um público vindo de outras cidades e composto por profissionais do livro e mais professores e famílias locais. Ouvi relatos de ótimas experiências. Anotei algumas delas, que descrevo a seguir.

Começo por uma festa de pijama numa biblioteca pública, para pais e filhos. Depois que as portas se fecham por dentro, todos lancham, mudam de roupa, escovam os dentes, abrem os sacos de dormir. Quando vão se deitar, começam a ver entre eles “personagens que saíram dos livros”. Conversam com piratas, fadas, heróis gregos. Assistem a um *show* de mímica com Enciclo e Pédia.

Outra iniciativa interessante: um balanço dos efeitos da “leitura silenciosa sustentada” em escolas da Galícia, feito pela bibliotecária Cristina Pilar. Entre outras coisas, os professores de Matemática constataram grande melhoria no ensino médio desde que suas aulas passaram a ser dadas depois do tempo de leitura. Disseram que o cérebro da garotada chega “aquecido”. Todas as disciplinas registram que apresentaram melhora acentuada em três anos, não sabem se pela leitura dos alunos ou dos professores. Seguem exatamente o excelente modelo britânico de USSR (Universal Sustained Silent Reading), que conheço bem, pois o projeto existia na escola de minha filha Luísa quando moramos em Londres. Todos — da diretora ao porteiro, passando pela encarregada da cantina e pelo pessoal da faxina — param ao mesmo tempo o que estão fazendo e leem durante vinte minutos em silêncio todo dia, o que quiserem. Porém, o tempo de duração, o silêncio e a participação de todos são obrigatórios. De início, houve muita reação, sobretudo dos professores, que queriam fazer "algo útil" com o tempo. Mas depois o efeito obtido pelo projeto se impôs e as diferenças nos resultados mostraram-se impressionantes.

Sara, a diretora de uma biblioteca em Ermua, no País Basco, trouxe os resultados de um maravilhoso programa de integração de imigrantes por meio do aproveitamento da biblioteca como exploração de um espaço neutro onde todos contam suas histórias para enriquecimento mútuo.

Outro projeto, que já tinha anos, é o do "Bubisher", nome de um pequeno pássaro do deserto, cuja chegada anuncia boas notícias. Engloba alguns ônibus-bibliotecas no Saara, acoplados com um sistema voluntário de trazer crianças do Marrocos para passar as férias na Espanha, em casas que os acolhem, dão exames médicos e dentários e participam com elas de uma programação cultural por meses. Envolvidíssimo no projeto, o escritor galego Gonzalo Mora, que eu conhecia de outros encontros, exibiu DVDs e falou com entusiasmo sobre o alcance e a extensão da iniciativa.

É claro que a alma de tudo isso que acontece em Ballobar revela gente entusiasmada e um projeto consistente. Eu estive lá em outubro de 2008 e compreendi que estava colhendo os frutos de uma ação que já durava quinze anos e existia em vinte e sete localidades espanholas (hoje está em mais de cem). Trata-se do projeto "*Leer Juntos*", criado por duas professoras admiráveis que, na ocasião, ainda cuidavam de tudo: Carmen Caramiña (do secundário) e Merche Caballud (do fundamental). Conhecê-las foi uma alegria. São tudo o que um professor deveria ser, sempre. Mantive contato ocasional com elas depois, sobretudo à distância — mas a esta altura outros já estão levando os trabalhos adiante.

O projeto é simples e eficiente. Junta-se a ele quem quer. Os participantes em Ballobar se reúnem uma vez por semana durante o ano inteiro. Começaram anos antes, aos poucos, com a leitura de jornais, depois revistas, em seguida foram passando para artigos selecionados, livros infantis, contos, poemas, romances, ensaios. Leem em casa, reúnem-se para comentar as leituras. Os livros são pedidos de empréstimos nas bibliotecas da região e trocados nos postos do projeto — que funcionam no açougue, na padaria, no armarinho, no café, na banca de jornais, na loja do comerciante que quiser participar. Leram *Dom Quixote* inteirinho em dois anos e amaram. Os participantes podem apresentar sugestões de leitura para o grupo ou levar algum texto para ler em voz alta no encontro. O projeto não tem fim, continua enquanto alguém desejar. Reúne pais, professores, quem quiser. Os resultados escolares deram saltos. Há mães que eram adolescentes quando suas mães começaram a participar e agora se juntam ao grupo, em outra condição. Grande parte dos que eram alunos quando o projeto começou depois se sentiram estimulados a crescer mais e foram para a universidade (de Zaragoza ou Barcelona) — algo inédito para o povoado até então. Uma das mães se interessou mais pelo visual — hoje é fotógrafa profissional de sucesso e registra tudo, com sua câmera cheia de lentes. Outra, após alguns anos, resolveu ir para a faculdade — naquele ano estava se formando em Biblioteconomia. Outra quis montar um negócio: abriu uma excelente livraria em Fraga, que atende a toda a região, inclusive importando livros. Fiquei impressionada com a qualidade do acervo, uma seleção de títulos modelar, e ouvi a explicação:

— Só queremos ler o que é bom; somos ocupadas demais para perder tempo com bobagem.

Falo muito nas mulheres de Ballobar porque a alma da iniciativa por lá é claramente feminina. São umas animadoras entusiasmadas e admiráveis. Os filhos universitários se orgulham delas. Os maridos leem por causa delas. O projeto ganhou o Prêmio Nacional de Promoção de Leitura em 2005 e todo o povoado celebrou a vitória coletiva, sabendo que era deles, de todos. Às vezes fazem passeios literários — uma excursão pelo cenário dos poemas de Antonio Machado, por exemplo. Ou artísticos: ir a Zaragoza ouvir um concerto — o primeiro encontro da maioria dos participantes com uma orquestra ao vivo. Uma grande alegria. Como deve ser. Fiquei muito feliz por terem me lido com tanto amor e entusiasmo, me homenageado e me chamado para conhecer tudo isso. Dou graças à vida por esse presente que me aquece o coração.

Outras mulheres impressionantes são as que predominam (mas há também muitos homens) na rede que reúne brasileirinhos na diáspora pelo mundo afora. São fruto de um fenômeno ainda pouco estudado entre nós, na extensão e profundidade que merece, e que pode nos revelar muita coisa que precisamos saber — a migração de tanta gente que deixou o Brasil em busca de melhores oportunidades de trabalho em outros lugares. Muitas vezes foram depois constituindo família e ficando por lá, em núcleos com cônjuges de outra cultura, ou simplesmente vendo as crianças nascerem e crescerem.

Sempre com a "Brasil em Mente" (BeM, o nome do mais consistente desses movimentos), em busca da manutenção do "Português como Língua de Herança" (outro nome que congrega participantes em vários países, em todos os continentes), uma equipe extraordinária em sua dedicação e seriedade vem desenvolvendo um trabalho digno de todos os elogios.[3] Prolongam um pouco de Brasil em outras terras por meio do reforço dos laços de pertencimento dessas crianças multiculturais e da incorporação de cônjuges a uma espécie de grande família brasileira, muitas vezes lhes ensinando português em material didático original e de qualidade, criado pela própria rede de apoio.

Nesse quadro, a literatura infantil e a cultura oral tradicional — com suas cantigas, parlendas, adivinhas e brincadeiras — desempenham um papel fundamental. Sei disso por experiência própria, tendo vivido com filhos pequenos no estrangeiro em diferentes momentos de minha vida. Lembro bem como, na volta do exílio, na década de 1970, quando eu ainda começava meu trabalho de autora e fazia crítica de produção cultural para a infância no *Jornal do Brasil*, acompanhava de longe e procurava dar força ao Saci, uma espécie de clubinho que Gloria Ferreira e outros fundaram em Paris com as crianças filhas de exilados — na ocasião, exílio de cunho político, diferente das migrações atuais, devidas à busca de

3 A partir de 2021, estão mudando o nome da rede para "Plurall by BeM", incorporando o plurilinguismo, mais além de bilinguismo.

oportunidades econômicas. As famílias contavam histórias, faziam festa caipira, festejavam aniversários com brigadeiro e docinhos de coco, promoviam bailes infantis no carnaval ao som de marchinhas... Foi uma iniciativa fundamental para manter viva uma chama que não podia se apagar.

Por isso, quando mais recentemente eu vi surgirem os movimentos de apoio à manutenção e ensino do português como língua de herança, lembrei dessa experiência do Saci. Logo percebi sua importância e fiz questão de apoiar e me associar. Já encontrara diversos desses grupos ("Brasileirinhos", "Raízes" e tantos outros) ao longo de várias viagens : na Alemanha, na Irlanda, na Dinamarca, na Bélgica, na Itália, na França. Mas antes tinham sido apenas encontros breves, como se eu apenas os visitasse. De repente, a vida me deu a chance de chegar mais perto.

Quando ocupei a presidência da Academia Brasileira de Letras, apareceu a oportunidade de poder apoiar de modo mais consistente e institucional essa iniciativa da criação de uma grande rede internacional que atuasse nesse campo. Não hesitei em recomendar esse trabalho a nossos consulados e ao próprio Ministério de Relações Exteriores, de modo formal e oficial.

Mas não estava preparada para a alegria que tive quando a Felícia Jenkins — que respeito e é a alma desse projeto — me convidou para fazer a conferência de abertura no primeiro grande encontro da rede do "Brasil em Mente", na Universidade de Nova Iorque em 2015. Foi uma surpresa linda quando, ao final de minha palestra, começaram a chegar pela internet, na grande tela à frente do auditório, as imagens com a participação ao vivo das mais diversas pessoas, vindas dos quatro cantos do mundo, em fusos horários diferentes, a trazer dúvidas e contar experiências, debater estratégias e dar depoimentos. Era uma constelação de admiráveis mães e pais brasileiros espalhados pelo planeta, confiantes no poder dos livros infantis, das histórias, brincadeiras e canções, para que os filhos — muitas vezes nascidos longe e sem nunca terem pisado em terras brasileiras — não perdessem as raízes com nossa terra. E dou vivas a Felícia, a Cassiana, a Meiriluz, a Patricia, e a tantas outras, pela trabalheira abnegada que têm para manter acesa essa chama e pelos resultados que têm alcançado.

As redes desse tipo crescem cada vez mais. Muitas vezes uns nem sabem de nada sobre os outros e fico feliz se tenho ocasião de ajudar a fazer essas pontes, quando é o caso.

Ainda recentemente, por causa do Salão do Livro de Genebra, na Suíça, conheci em 2019 outros desses grupos, de duas moças notáveis, dessas que vão à luta para fazer acontecer e não ficam só reclamando de que as coisas estão difíceis ou cobrando de diferentes instâncias por não facilitarem a vida delas. Enfrentam dificuldades que teriam tudo para fazer desanimar — a começar pelas barreiras inacreditáveis para importar livros brasileiros na Europa (ou, mais exatamente, para que as editoras brasileiras os exportem).

Jannine começou a trabalhar com livros e arte aos quatorze anos, quando ainda estava na escola em Cabo Frio (RJ), incentivada por uma professora que a chamou para ajudar a distribuir livros num esquema semidoméstico pela cidade e a divulgar leitura entre estudantes. Agora, do outro lado do Atlântico, a ex-aluna relembrou com carinho esse tempo e fez questão de me evocar o nome da mestra, Isabela Valadares, emocionada com a lembrança de quem a ajudou a se formar. Aos dezoito, Jannine casou-se com um suíço-brasileiro e se mudou para Genebra. Aos vinte e dois já tinha fundado uma livraria e editora lusófona por lá, em sociedade com uma portuguesa. Muito competente e trabalhadora, desenvolve um trabalho inacreditável, desses que é preciso a gente ver para crer. Aposto nela, apesar de todas as dificuldades.

Da mesma forma, faço a maior fé na outra batalhadora com quem ela e sua sócia dividiam o espaço do *stand* no Salon du Livre de Genebra: Ana Paula, mãe de três filhos pequenos, criadora de um eficientíssimo Clube de Leitura Minibilíngue, com ótimos livros em português, muito bem selecionados e enviados mensalmente pelo correio às crianças associadas. E a mais velha das crianças, Julia, alguns meses depois me fez ganhar um presente inesperado, vindo de longe. A família de repente descobriu que ela sabia ler, aos quatro anos, porque a primeira coisa que decifrou, e leu, inesperadamente para os pais, era em português — o meu nome da capa de um livro, que reconheceu e escolheu entre os novos títulos que estavam recebendo. Foi assim que surpreendeu a todos ao revelar a capacidade leitora recém-adquirida para exibir sua preferência... E a novidade foi logo compartilhada comigo por *e-mail*.

Para todos eles venho escrevendo. De todos eles alimento minha alegria.

Ao evocar essa enormidade de gente, em todo o planeta, faço um contraponto com um singelo encontro com um trio, de uma única família, num Salão do Livro Infantil da FNLIJ há alguns anos, nessa ocasião se realizando num grande galpão perto do cais do porto.

Eram pai, mãe e filha, uma menina de uns seis anos, idade de alfabetização. Estavam na fila para autógrafos. Ao se aproximarem da mesa, vi que cada um deles trazia em mãos um exemplar de uma edição diferente de *Mico Maneco*. Então me contaram que tanto o pai quanto a mãe tinham sido alfabetizados com essa coleção e esse título fora o primeiro livro que leram sozinhos. E que na primeira vez que se encontraram, numa roda de chope com amigos comuns num bar, constataram esta afinidade divertida: sabiam de cor trechos daquele seu livro inaugural. Depois descobriram outras, namoraram, casaram-se — e agora a filha aprendia a ler com o mesmo *Mico Maneco*. Ao verem no jornal que eu estaria no Salão naquela tarde, tinham de me trazer as três versões para eu autografar. Cada um segurando a sua.

Não é para agradecer aos céus e festejar um momento como esse? Nem por ser miúdo e discreto deixa de ser uma alegria enorme. Tão intensa quanto as dos grandes momentos consagradores — como receber um prêmio importante. Ou descobrir que alguém dedicou tempo e esforço, generosamente, a examinar minha obra numa monografia ou tese universitária. Ou para apresentar um trabalho num congresso sobre o que escrevi. Muitas vezes em lugares distantes. Como agora, em plena pandemia, depois de sucessivos adiamentos presenciais devidos à necessidade de distanciamento social, pude constatar na realização de um congresso virtual de Literatura Brasileira na Universidade de Salamanca, onde professores e pesquisadores universitários de nove países apresentaram vinte e oito trabalhos refletindo sobre o que tenho escrito ao longo destes anos.

Fiquei muito tocada, por exemplo, há anos, quando li um trabalho apresentado em italiano num Congresso em Veneza pelo professor Roberto Vecchi sobre meu romance *Tropical sol da liberdade*. Eu não conhecia o professor e não podia imaginar que do outro lado do oceano alguém tinha feito uma leitura tão atenta e pertinente do meu livro e da memória feminina de nossa história recente, elaborada pela ficção e evocada pela literatura. Nem que fosse possível, a partir daí, uma análise crítica desentranhar dessa experiência um entendimento tão agudo do meu país.

Lembro também de minha surpresa, em Londres, ao chegar a um congresso do Ibby e constatar que, na programação, havia três comunicações sobre meus livros. Uma delas, da colombiana Rosana Farías, ilustradora da edição venezuelana de *A jararaca, a perereca e a tiririca*, me revelou um aspecto absolutamente surpreendente desse livro que eu jamais tinha imaginado mas reconheço que fazia todo o sentido. Para mim, era uma história nascida de um jogo com palavras indígenas divertidas, em tom de brincadeira. Quando saiu no Brasil, foi visto também com novos sentidos profundos, quase como uma fábula política. Ao ser traduzido, os países escandinavos lhe atribuíram novas significações, numa leitura que o via como uma história sobre o meio ambiente. Mas Rosana, que o ilustrou e vivera em Caracas sob o governo de Hugo Chávez e de Nicolás Maduro, fez uma leitura nova: viu no livro uma reflexão sobre a dificuldade de decidir se é hora de migrar ou se ainda dá para ficar no país e sobre o risco de tomar uma decisão errada — ampliando a análise para o tema das migrações em geral.

No mesmo ano, poucos meses depois, na França, a Universidade Blaise Pascal, de Clermont-Ferrand, promoveu um colóquio internacional sobre *A criação no feminino* — com a apresentação de dois alentados estudos de professores estrangeiros sobre minha obra, ambos me mostrando aspectos novos na análise do que escrevo, tanto sobre o romance *Canteiros de Saturno* quanto sobre os livros infantis. Em 2018, num colóquio organizado em Zaragoza pela universidade local em conjunto com a de Bordeaux, se reuniram especialistas de várias universidades europeias que dedicaram um dia inteiro a examinar meus livros infantis. Vários me revelaram, no que faço, aspectos inesperados e surpreendentes, a comprovar que a leitura é mesmo um mundo de possibilidades infinitas.

O grande romancista francês Stendhal dizia que um livro é uma garrafa lançada ao mar por um náufrago, tendo dentro um bilhete esperançoso onde se lê: "Pegue quem puder"... Daí a alegria quando quem escreveu descobre que alguém recebe esse bilhete, completo eu. Muitos e carinhosos alguéns. Creio que é exatamente por aí que se situam estas pequenas alegrias discretas que marcam os encontros entre livros e leitores.

De minha parte, quero celebrá-los, como um ato de fé nas pessoas.

"Aos leitores, gratidão, essa palavra-tudo."
CARLOS DRUMMOND DE ANDRADE
Farewell

LINHA DO TEMPO

24.12.1941

Nasce em Santa Teresa, no Rio de Janeiro, e recebe o nome de Ana Maria de Sousa Martins. É a mais velha de nove irmãos.

COM A BONECA ISABEL.

1944

O pai Mário de Sousa Martins, jornalista, é preso por oposicionismo ao governo de Getúlio Vargas. Ana Maria é levada com o pai até ser resgatada por um tio.

1946

Antes mesmo de completar cinco anos de idade, aprende a ler e se torna uma leitora assídua.

DE UNIFORME DO JARDIM DE INFÂNCIA MACHADO DE ASSIS.

1948

A família se muda para Buenos Aires, na Argentina.

1950

Retorna ao Brasil e vai morar na casa dos avós maternos em Vitória (ES).

NO MEIO DA FOTO, ANA ENTRE OS PESCADORES DE MANGUINHOS COM A REDE DE ARRASTÃO QUE ACABARA DE CHEGAR, CARREGADA DE MANJUBA.

A partir de 1950

Passa a morar em Ipanema (RJ).

1954

Tem seu primeiro texto publicado: a revista *Vida Capichaba* publica sua redação escolar "Arrastão", sobre as redes dos pescadores de Manguinhos, praia do Espírito Santo onde passa as férias até hoje.

AOS 13 ANOS, EM FÉRIAS EM MANGUINHOS.

1957

Começa a cursar o Ensino Médio no Colégio de Aplicação da então Faculdade Nacional de Filosofia (RJ).

1958

Entra para a Escolinha de Arte do Brasil e passa a frequentar o Ateliê Livre do Museu de Arte Moderna (MAM), do Rio.

1959

Inicia suas atividades jornalísticas, colaborando para o jornal *O metropolitano*, da Associação Metropolitana de Estudantes Secundários (Ames).

1959 – 1961

Frequenta o curso de pintura do MAM, do Rio.

1960

É aluna do curso intensivo do Museu de Arte Moderna de Nova York.

1961 – 1964

Cursa a graduação em Letras Neolatinas na Faculdade Nacional de Filosofia da Universidade do Brasil.

1962

Participa de um seminário sobre as relações entre Estados Unidos e América Latina, na Universidade de Harvard, em Cambridge (EUA). Frequenta também o Programa especial da Associação Universitária Interamericana (AUI) para líderes estudantis brasileiros.

1963

Participa de salões e mostras coletivas, inclusive no MAM.

ANA PINTORA, COM QUADRO DE SUA AUTORIA.

1964

Faz sua primeira exposição individual de pintura na Galeria Santa Rosa, em Ipanema (RJ).

1964 – 1965

É repórter do *Correio da Manhã* (RJ).

1965

Faz pós-graduação, especializando-se em Língua e Literatura Espanhola na Faculdade Nacional de Filosofia (FNFi) da Universidade do Brasil.

1966

Casa-se com Álvaro Machado, passa a assinar Ana Maria Machado e muda-se para São Paulo.

AO FUNDO, COM OS PAIS E OS IRMÃOS, POUCO ANTES DO NASCIMENTO DO FILHO RODRIGO.

1967

Nasce o primeiro filho, Rodrigo.

1968–1969

Volta a morar no Rio e leciona, na UFRJ, Teoria Literária e Literatura Brasileira, na faculdade de Letras, e Linguagem de Cinema e Televisão, na escola de Comunicação da UFRJ. Inscreve-se no Doutorado na Faculdade de Letras da mesma universidade.

1970

Após ser presa por motivos políticos, muda-se para Paris e estuda na École Pratique des Hautes Études, onde posteriormente completa seu doutorado sob a orientação de Roland Barthes. Também trabalha como professora de Português na Universidade da Sorbonne.

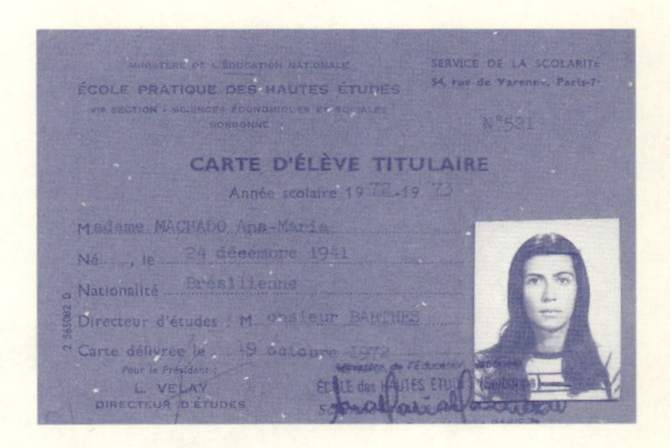

ÉCOLE PRATIQUE DES HAUTES ÉTUDES

SERVICE DE LA SCOLARITÉ
54, rue de Varenne, Paris-7e

N°521

CARTE D'ÉLÈVE TITULAIRE

Année scolaire 1972-1973

Madame MACHADO Ana-Maria

Né..., le 24 décembre 1941

Nationalité Brésilienne

Directeur d'études : Monsieur BARTHES

Carte délivrée le 19 octobre 1972

Pour le Président :
L. VELAY
DIRECTEUR D'ÉTUDES

CARTEIRA DE ESTUDANTE EM PARIS.

1971

Nasce o segundo filho, Pedro, em Paris. A família se muda para Londres.

1972

Após trabalhar como produtora e apresentadora de programas no serviço brasileiro da BBC de Londres, retorna com a família ao Brasil.

1973–1980

Ocupa o cargo de chefe de jornalismo da Rádio Jornal do Brasil.

1973

Trabalha como repórter do *Jornal do Brasil*.

1974

Separa-se de Álvaro Machado.

ENTREVISTANDO CAETANO VELOSO NA RÁDIO JORNAL DO BRASIL.

NO CENTRO DA IMAGEM, NA INAUGURAÇÃO DA SUCURSAL DE BELO HORIZONTE, EM 1976, SENDO CHEFE DE JORNALISMO E A ÚNICA MULHER DO GRUPO.

1975 - 1980

Mantém uma coluna semanal no *Jornal do Brasil* sobre produção cultural para a infância.

1976

Seu primeiro livro infantojuvenil, *Bento que bento é o frade*, é publicado e premiado pela FNLIJ. Leciona Literatura Infantil e Juvenil na PUC-Rio.

1977

Participa do Encontro da Latin American Studies Association (Lasa), em Houston (Texas, EUA).

1978

Publica *Gato do mato e cachorro do morro*, seu primeiro livro com a Ática.

CARLOS DRUMMOND DE ANDRADE

Rio, 22 de maio, 1979.

Cara Ana Maria Machado:

Com muito atraso, mas ainda com o gosto da leitura bem vivo, agradeço-lhe o "Menino Pedro e seu Boi Voador", esse ato de poesia que ensina a gente a voar mesmo com os pés na terra. O abraço e a admiração de

Carlos Drummond

CARLOS DRUMMOND DE ANDRADE

Se o cachorrinho é medroso
e o gatinho embananado,
tudo reage, brioso,
e num golpe toma a praça,
por artes, truques e graça
de Ana Maria Machado.

Com o abraço amigo do

Drummond

Rio, 14.6.80

1979
CARTA ESCRITA POR CARLOS DRUMMOND DE ANDRADE SOBRE A OBRA *O MENINO PEDRO E SEU BOI VOADOR*.

1980
CARTA ESCRITA POR CARLOS DRUMMOND DE ANDRADE SOBRE A OBRA *GATO DO MATO E CACHORRO DO MORRO*.

1978 e 1979

Ainda em 1978, recebe o prêmio João de Barro pelo livro *História meio ao contrário*, da Ática. No ano seguinte, com a mesma obra, ganha seu primeiro prêmio Jabuti.

CAPA ANTIGA E CAPA ATUAL DO LIVRO.

1979

Lança *O menino Pedro e seu boi voador*, da Ática.

1979–1995

Cria e gerencia a Livraria Malasartes, primeira livraria exclusiva para crianças e jovens do Brasil.

NA LIVRARIA MALASARTES. ACIMA, COM A ESCRITORA MARINA QUINTANILHA, EM 1991. ABAIXO, COM A SÓCIA CLAUDIA MORAES E A LEITORA MARYA, QUE LEVAVA A RECÉM-NASCIDA MORGANA EM SUA PRIMEIRA VISITA À LIVRARIA, EM 1995.

1980

Seu livro *De olho nas penas* recebe o Prêmio Casa de las Américas, em Cuba — pela primeira vez atribuído a um autor de literatura infantil.

1981

Coordena a oficina de Criação Literária do Inald, em Luanda, Angola.

1981

Torna-se membro da diretoria do Sindicato dos Escritores, RJ.

1982

Seu livro *Um avião e uma viola*, da Formato, recebe o selo de Altamente Recomendável da FNLIJ.

CAPA DO LIVRO.

1983

Nasce a filha Luísa, de seu casamento com o músico Lourenço Baeta. No mesmo ano, escreve um de seus livros mais pioneiros e consagrados, *Menina bonita do laço de fita*.

ALGUNS DOS PRÊMIOS QUE A OBRA *MENINA BONITA DO LAÇO DE FITA* JÁ VENCEU.

1984 – 1986

Exerce o cargo de vice--presidente do Ibby e de Secretária-geral do Comitê dos países em desenvolvimento, da mesma organização.

1986 – 1988

Mora em Manguinhos (ES), onde continua a se dedicar à pintura e escreve, em 1988, *Tropical sol da liberdade*, obra considerada uma referência de literatura política no Brasil.

PINTANDO NA VARANDA EM MANGUINHOS, EM1987.

1989

Volta a morar em Londres, onde trabalha como produtora e apresentadora de programas no serviço brasileiro da BBC londrina.

1990 – 1994

De volta ao Brasil, torna-se sócia e diretora da Quinteto Editorial.

1991

Publica *Canteiros de Saturno*, um de seus romances preferidos.

1992

Durante todo o ano, luta contra um câncer em meio a algumas cirurgias, internações hospitalares e quimioterapia.

1993

Torna-se *hors-concours* na premiação da FNLIJ, recebe menção no Prêmio Cocori, na Costa Rica, e publica *Aos quatro ventos*. Tem vários livros traduzidos no exterior e intensa participação em feiras literárias nacionais e internacionais.

1994

Homenageada com a exposição "Brasil — palavras e imagens — Três autores, três ilustradores" na Feira Internacional do Livro Infantil, em Bolonha (Itália). Participa de feiras e conferências internacionais de literatura.

1994 – 2000

Membro do Conselho Consultivo do jornal Ação e Cidadania, da Campanha Nacional contra a Fome e pela Cidadania.

ENCONTRO COM LEITORES EM UMA ESCOLA EM KÖLN, NA ALEMANHA.

1995

Publica *O mar nunca transborda* e participa de feiras e palestras internacionais de literatura, além de compor júris de concurso de dramaturgia e literatura e ministrar conferências e seminários em várias cidades brasileiras.

1996

Participa de feiras e seminários internacionais de literatura. Seu livro *Esta força estranha*, da Atual, recebe o Prêmio Jabuti de Melhor Livro Juvenil.

CAPA DA OBRA, QUE GANHOU NOVA EDIÇÃO EM 2021.

1997

É professora de Tradução de Literatura Infantojuvenil no departamento de Letras da PUC-Rio e escritora residente na Universidade de Berkeley, Califórnia (EUA). Sua tradução de *Alice no País das Maravilhas*, para a Ática, recebe da FNLIJ o selo de Altamente Recomendável.

1998

Participa como convidada de honra do Salon du Livre de Jeunesse de Montreuil, em Paris, além de participar de apresentações em feiras literárias internacionais.

1999

Publica *A audácia dessa mulher*, que recebe o prêmio Machado de Assis de Melhor Romance do Ano, da Biblioteca Nacional. Trabalha como professora visitante de Literatura Brasileira na Universidade de Berkeley.

2000

Além ser condecorada tanto com o selo *hors-concours* no Prêmio FNLIJ, como com seu terceiro Prêmio Jabuti — ambos pela obra *Fiz voar o meu chapéu*, da Formato —, ganha a Ordem do Mérito Cultural, no grau de Grã-Mestre, vence o Prêmio Hans Christian Andersen e recebe homenagem especial da Câmara Chilena do Livro pelo Prêmio.

2001

Recebe o Prêmio Machado de Assis, da Academia Brasileira de Letras, pelo conjunto da obra; a Grande Ordem Cultural da Colômbia; o Prêmio Jornalista Amigo da Infância, da Andi (Agência de Notícias dos Direitos da Infância); e a Medalha Tiradentes, da Alerj.

MEDALHA E CARTAZ DO PRÊMIO HANS CHRISTIAN ANDERSEN.

2002

Publica *Como e por que ler os clássicos universais desde cedo*.

2003

É eleita membro da Academia Brasileira de Letras e toma posse como sexta ocupante da cadeira nº 1.

2004

Menina bonita do laço de fita é indicado para o prêmio Octogone, na França, e *Abrindo caminho*, também da Ática, recebe selo *hors-concours* no Prêmio FNLIJ de Literatura.

2005

Ocupa a cátedra Machado de Assis da Universidade de Oxford, no Reino Unido. Recebe o prêmio Mulher da Paz, da Associação Mil Mulheres para o Nobel da Paz, na Suíça. Participa de encontros e feiras internacionais de literatura.

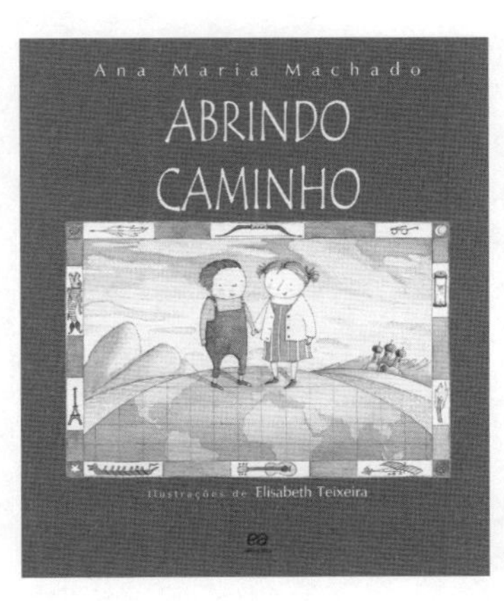

CAPA DO LIVRO.

ENCONTRO COM LEITORES EM UMA ESCOLA EM RÉMIRE-MONTJOLY, NA GUIANA.

2006

Recebe o prêmio Alejandro Cabassa, da União Brasileira de Escritores, pelo romance *Palavra de honra*, o selo *hors-concours* no Prêmio FNLIJ pela obra *Procura-se lobo*, da Ática, e o prêmio Mulher do Ano, do Conselho Nacional de Mulheres do Brasil, por sua trajetória de vida.

CAPA DO LIVRO.

2007

Recebe o prêmio Lifetime Achievement Award, em Miami (EUA), e publica *Balaio: livros e leituras*, que recebe o selo Altamente Recomendável da FNLIJ.

2008

É homenageada nas IV Jornadas Aragonesas de Bibliotecas, Lectura y Escritura, em Ballobar, Espanha.

2009

É eleita Secretária-Geral da Academia Brasileira de Letras.

2010

Recebe o Prêmio Internacional Príncipe Claus, da Holanda, para trajetórias consideradas essenciais no processo de melhorar o mundo por meio da cultura, além do Prêmio de Cultura do Governo do Estado do Rio de Janeiro.

2011

É eleita Presidente da Academia Brasileira de Letras.

2012

É homenageada no Colóquio Internacional Genres Littéraires et Gender dans les Amériques — La création au Féminin — Université Blaise Pascal, em Clermont-Ferrand (França), do qual é tema. Recebe o Prêmio Iberoamericano de Literatura Infantojuvenil, pelo conjunto da obra, em Guadalajara (México). Toma posse na Academia de Ciências de Lisboa (Portugal).

NO SALON DU LIVRE, EM PARIS.

2013

Ganha o prêmio Zaffari & Bourbon na Jornada de Passo Fundo (RS) pelo romance *Infâmia*. Lança a edição francesa de *Aos quatro ventos* no Salon du Livre em Paris.

2014

A obra *Uma, duas, três princesas*, da Ática, é selecionada para o Catálogo de Bolonha.

CAPA DO LIVRO.

ESCOLA EM SKERRIES, NO INTERIOR DA IRLANDA, DÁ AS BOAS-VINDAS A ANA.

2015

Recebe o Prêmio Estrela Prata do Ibby na Suécia. Participa de circuito escolar em Programa de Incentivo à Leitura da Biblioteca Nacional Irlandesa em torno de seu livro *The History Mistery*, e da Gincana Nacional interescolar na Irlanda, sobre o livro *Mensagem para você*, da Ática.

2016

Autora homenageada na Flica. *De noite no bosque*, publicado pela Ática um ano antes, recebe o selo Altamente Recomendável da FNLIJ e é selecionado para o Catálogo de Bolonha.

RECEBIDA PELAS CRIANÇAS DA COMUNIDADE DE TIERRA BOMBA, EM CARTAGENA, NA COLÔMBIA.

PELAS RUAS DE CACHOEIRA, NA BAHIA:
ANA HOMENAGEADA NA FLICA.

2017

Participa de feiras e conferências internacionais de literatura, entre elas o Hay Festival, em Cartagena, Colômbia.

2016–2019

Exerce o cargo de Primeira-Secretária da Academia Brasileira de Letras.

2016 – 2018

É membro do Conselho Superior de Desenvolvimento Econômico e Social da presidência da República.

2017 – 2020

É membro do Advisory Board do Brazil Institute, King's College, Londres.

2019 – 2020

É membro do Conselho Editorial do Senado Federal.

2021

É homenageada no II Congresso Internacional de Literatura Brasileira, na Universidade de Salamanca, sobre o tema "Ana Maria Machado e o compromisso literário" — com cerca de trinta conferências e apresentações sobre sua obra.

PRÊMIO PETER PAN ESTRELA, DA SUÉCIA, POR MELHOR LIVRO TRADUZIDO PARA *MAS QUE FESTA!*.

Feiras e eventos de fomento à literatura citados na obra

BCBF — BOLOGNA CHILDREN BOOK FAIR (FEIRA DO LIVRO DE BOLONHA, ITÁLIA)
Principal evento mundial dedicado à indústria editorial infantil, reúne anualmente pessoas para conhecer os catálogos disponíveis e negociar direitos autorais de livros infantojuvenis, animações, multimídia e áreas correlatas.

BIENAL DO LIVRO DE SÃO PAULO (SP)
Alterna-se com a Bienal do Livro do Rio de Janeiro, promovendo o encontro de autores, leitores, editoras e livrarias brasileiras, além de ampla programação cultural.

FEIRA DO LIVRO DE PORTO ALEGRE (RS)
Evento anual do Sul do Brasil, ocorre normalmente entre o final de outubro e o meio de novembro.

FEIRA INTERNACIONAL DO LIVRO DE MONTEVIDÉU (URUGUAI)
Evento anual, organizado pela Câmara do Livro do Uruguai com a prefeitura de Montevidéu, que ocorre no início de outubro.

FELIT — FESTIVAL DE LITERATURA DE SÃO JOÃO DEL-REI, TIRADENTES E SANTA CRUZ DE MINAS (MG)
Com mesas-redondas, lançamentos de livros, oficinas, feira de livros, cortejos, rodas de conversa e circuito gastronômico, tradicionalmente homenageia um autor a cada edição.

FIL — FEIRA INTERNACIONAL DO LIVRO DE GUADALAJARA (MÉXICO)
Evento anual de língua espanhola mais importante do setor de livros, considerada a segunda maior feira de livros do mundo.

FILBO — FEIRA INTERNACIONAL DO LIVRO DE BOGOTÁ (COLÔMBIA)
Fundada em 1988, é o evento anual editorial e cultural de maior prestígio da Colômbia e se constitui importante cenário para a negociação de direitos autorais.

FILFI — FEIRA INTERNACIONAL DO LIVRO DE FOZ DO IGUAÇU (PR)
Evento literário anual do calendário oficial da cidade de Foz do Iguaçu, inicialmente denominado Salão do Livro.

FLIARAXÁ — FESTIVAL LITERÁRIO DE ARAXÁ (MG)
Primeiro festival literário a realizar uma batalha de *slam* e pioneiro também no lançamento do "Manifesto pela sinergia das línguas em português", para integrar autores de língua portuguesa.

FLICA — FESTA LITERÁRIA INTERNACIONAL DE CACHOEIRA (BA)
Situada a 130 km de Salvador, mistura feira literária com festa: após os eventos literários, há atrações festivas das quais os próprios autores participam.

FLIM — FESTA LITERÁRIA DE SANTA MARIA MADALENA (RJ)
Realizada anualmente, ocupa o centro histórico da cidade, com apresentações de saraus, artes cênicas, contação de histórias, palestras e lançamentos de livros, tudo com a participação das escolas da região.

FLIMA — FESTA LITERÁRIA INTERNACIONAL DA MANTIQUEIRA (SP)
Ocorre anualmente na região da Serra da Mantiqueira, em São Paulo. Trata-se de uma iniciativa cultural independente, para difundir a literatura, formar leitores e promover o livro em Santo Antônio do Pinhal, Campos do Jordão, Monteiro Lobato e São Bento do Sapucaí.

FLIP — FESTA LITERÁRIA INTERNACIONAL DE PARATY (RJ)
Surgiu em 2003 a partir do desejo de promover, longe das capitais, uma experiência de encontro permeada por arte. É a pioneira em ocupar espaços públicos com cultura e anualmente homenageia um autor brasileiro.

FLIQ — FEIRA LITERÁRIA DE QUISSAMÃ (RJ)
Criada para que a comunidade escolar e os responsáveis tenham a oportunidade de prestigiar alguns trabalhos desenvolvidos pelas escolas do município, anualmente elege um autor homenageado, cuja obra os alunos conhecem durante todo o ano letivo.

FLUP — FESTA LITERÁRIA DAS PERIFERIAS (RJ)
Originada nas Unidades de Polícia Pacificadoras, quando então era denominada Flupp, tem como principal característica ocorrer em territórios tradicionalmente excluídos dos programas literários na cidade do Rio de Janeiro, sendo também responsável pelo surgimento da primeira geração de escritores oriundos das favelas cariocas.

FNLIJ — FUNDAÇÃO NACIONAL DO LIVRO INFANTIL E JUVENIL (RJ)
Criada em 1968, é a seção brasileira do International Board on Books for Young Children (Ibby) com a missão "promover a leitura e divulgar o livro de qualidade para crianças e jovens, defendendo o direito dessa leitura para todos, por meio de bibliotecas escolares, públicas e comunitárias". Anualmente, concede o selo Altamente Recomendável a publicações que se sobressaem pela qualidade e promove o Salão da FNLIJ, no Rio de Janeiro, e reúne autores, ilustradores e profissionais do livro em debates sobre literatura infantojuvenil, com lançamentos de livros, palestras de autores e premiações, etc.

JORNADA LITERÁRIA DE PASSO FUNDO (RS)
Promovida, desde 1981, pela Universidade de Passo Fundo (UPF) com a prefeitura da cidade, reúne leitores, escritores, artistas, pesquisadores e intelectuais. Objetiva formar leitores multimidiais, emancipados e críticos. Rendeu à cidade o título de Capital Nacional da Literatura (Lei nº 11.264/2006) e de Capital Estadual de Literatura (Lei nº 12.838/2007).

SALÃO DO LIVRO DE GENEBRA (SUÍÇA)
Evento tradicional da Suíça criado em 1987 por Pierre-Marcel Favre e dedicado ao livro e à escrita. Ocorre anualmente na primavera e dura cinco dias, terminando sempre no primeiro domingo de maio.

SALÃO DO LIVRO DE PARIS (FRANÇA)
Criado em 1981, ocorre anualmente na primavera e visa destacar a riqueza e a diversidade do mundo editorial. Tem duração de quatro dias, nos quais se distribui uma programação de intensa atividade cultural, incluindo conferências com autores e debates com leitores. A cada edição, o Salon du Livre de Paris destaca a produção escrita de um país e de uma cidade.

Este livro foi impresso em 2021 e composto pelas fontes Literata
e Igual e por papel Pólen Soft 80 g/m².